RÉCITS SPORTIFS

Catalogage avant publication de Bibliothèque et Archives
nationales du Québec et Bibliothèque et Archives Canada
Garneau, Stéphane
     Récits sportifs : différents visages du dépassement de soi
     ISBN 978-2-89077-740-8
     1. Sportifs – Québec (Province) – Entretiens. 2. Entraîneurs
(Sports) – Québec (Province) – Entretiens. 3. Journalistes sportifs –
Québec (Province) – Entretiens. 4. Dépassement (Psychologie).
I. Titre.
GV697.A1G37 2016   796.092'2   C2016-941348-9

COUVERTURE
Photo : © Julien Faugère
Conception graphique : Antoine Fortin

INTÉRIEUR
Mise en pages : Michel Fleury

© 2016, Flammarion Québec

Tous droits réservés
ISBN 978-2-89077-740-8
Dépôt légal : 3e trimestre 2016

Imprimé au Canada sur papier Enviro 100 % postconsommation

www.flammarion.qc.ca

Stéphane Garneau

RÉCITS SPORTIFS

Différents visages du dépassement de soi

Flammarion
Québec

À mon père qui, tout au long de sa vie,
s'est émerveillé devant la performance
des athlètes et le spectacle du sport.

Introduction

Mon père est décédé soudainement le 20 janvier 2013. Du printemps de cette même année jusqu'à juin 2016, j'ai travaillé à la réalisation de deux documentaires, un pour la télé et un pour la radio, sur celui qui aura été journaliste sportif au Canada pendant presque soixante ans. Au cours de sa carrière, Richard Garneau aura couvert vingt-trois Jeux olympiques et un nombre incalculable de matchs de hockey et de compétitions sportives diverses. Il a ainsi pu observer de très près des athlètes de tous les horizons – amateurs, professionnels et jeunes débutants remplis d'espoir et d'ambition. Détecter chez un adolescent de quinze ans des aptitudes pour une discipline lui procurait autant de plaisir que de voir un marathonien monter sur un podium olympique.

Les heures de préparation et tout le temps passé à faire le pied de grue dans les aéroports, les arénas et les stades sportifs de la planète n'ont jamais refroidi son enthousiasme et jamais il ne donnait l'impression de travailler. Il trouvait son bonheur à côtoyer et à observer l'élite sportive, pour qui il avait tant d'admiration.

Tout ce qui comptait, c'était le spectacle du sport, l'athlète, l'être humain qui se transcende.

Au cours des recherches pour le documentaire télé, l'accent a été mis sur ce dépassement de soi qui le fascinait tant, ce qui m'a amené à mieux comprendre la passion de mon père pour ces athlètes qui l'ont tant ému. Avec cet ouvrage, j'ai voulu comprendre ce qui pousse les athlètes eux-mêmes à se dépasser.

On en conviendra, il en faut, du tempérament et de la détermination, pour s'astreindre à une discipline de fer et renoncer aux activités normales de ses pairs. D'où vient cet élan vital vers le dépassement qui est aussi fort que la nécessité de boire et manger ? Qu'est-ce qui a fait la différence ? Où trouve-t-on la motivation et l'énergie pour être le plus rapide, le plus fort, ou encore pour atteindre le sommet des plus hautes montagnes de la planète ? Comment vit-on avec la pression des grands événements ? Comment s'y prépare-t-on ? Il y a l'entourage, aussi. Combien d'athlètes en proie au doute, à l'incertitude et à la fatigue ont pu compter sur un entraîneur, un professeur ou un parent pour les stimuler, leur remonter le moral et les remettre sur les rails de leurs propres ambitions ?

Pour répondre à ces questions et découvrir ce qui déclenche cette envie irrésistible de se dépasser, je suis allé à la rencontre de douze athlètes et de six observateurs (entraîneurs et commentateurs) privilégiés. J'ai choisi des athlètes que j'admire pour leur détermination, leur expérience et leurs exploits. Des hommes et des femmes qui avaient suffisamment de recul pour se raconter avec objectivité. J'ai voulu qu'ils reviennent sur le moment qui a tout lancé. En général, le déclic se produit assez tôt dans l'enfance ou au début de l'adolescence. Un événement ou une personne, souvent sans que ce soit calculé, éveille une passion dévorante et ouvre la voie vers une carrière sportive d'exception. Pour Sylvie Bernier, par exemple, ça s'est passé à l'âge de douze ans alors qu'elle assistait aux compétitions de plongeon aux Jeux olympiques de 1976, à Montréal. Jean-Luc Brassard, lui, a découvert sa passion pour le ski acrobatique en regardant une compétition à la télévision. C'est à la suite d'un accident lourd de conséquences et de l'intervention d'un professeur d'éducation physique que Chantal Peticlerc prendra conscience de ses aptitudes sportives. Sébastien Sasseville répond à l'appel de défis extrêmes à la suite d'un diagnostic de diabète de type 1. Mylène Paquette décide de traverser l'Atlantique en solo à la rame parce que l'exploit n'avait jamais été réalisé. Tout simplement. L'envie d'être la première Nord-Américaine à le faire est devenue plus forte que tout.

Tous ces athlètes ont choisi de se consacrer à leur passion jusqu'à ce qu'ils soient satisfaits d'être allés au bout de leur rêve. Que ce soit bien clair : il s'agit d'un choix. Aucun d'entre eux ne m'a parlé de sacrifices.

Ç'aurait été les priver de leur passion et de la pratique de leur sport qui aurait été synonyme de renoncement.

Je me suis intéressé également aux résultats de toutes ces années d'efforts et d'entraînement. Ce sont des fragments de vie que je vous propose dans cet ouvrage. J'ai tenu à ce que les athlètes isolent dans le temps un ou deux moments où ils ont eu le sentiment de toucher à une certaine forme de grâce par le dépassement de soi. Ce n'est pas toujours la médaille ou le trophée qui compte le plus. Guillaume Leblanc m'a parlé d'une expérience précise vécue à quelques kilomètres du fil d'arrivée aux Jeux olympiques de 1992, à Barcelone, pour décrire le plus grand moment de sa carrière sportive. Serge Savard, qui a gagné dix fois la Coupe Stanley, est revenu sur la Série du siècle 1972 contre les Soviétiques quand je lui ai demandé de me parler du haut fait de sa carrière de joueur. Sylvie Fréchette réalise la performance d'une vie aux Olympiques de Barcelone en dépit d'un drame personnel épouvantable. Le Dr Stanley Vollant considère que l'activité physique lui a sauvé la vie.

Au terme de ces entretiens, je comprends mieux l'éclair dans les yeux de mon père: ces athlètes d'exception, volubiles et passionnés ne peuvent que nous inspirer.

Annie Pelletier

Ti-Cul sur le podium

Annie Pelletier rate de très peu les Jeux olympiques d'été de 1992, à Barcelone. Elle termine troisième aux qualifications pour le tremplin de trois mètres. On ne retient malheureusement que les deux premières positions au classement. À dix-huit ans, son rêve de gloire olympique est loin d'être terminé, mais cette élimination est dure à encaisser. Elle doit se contenter de regarder les jeux à la télé, le cœur serré, mais déterminée à ne pas rater le rendez-vous d'Atlanta quatre ans plus tard.

Je ne voulais pas être spectatrice, je voulais être dans l'action.

À l'instar de son idole, Nadia Comaneci, c'est d'abord comme gymnaste qu'Annie commence à rêver de monter sur un podium. Malgré son jeune âge – deux ans et demi – au moment où ils sont tenus, en 1976, les jeux de Montréal auront une incidence déterminante sur sa carrière sportive, qui culminera vingt ans plus tard avec une médaille de bronze au tremplin de trois mètres aux Jeux olympiques d'Atlanta.

Oui, bien sûr, j'étais trop jeune pour avoir gardé un souvenir précis des jeux de Montréal au moment où ils ont eu lieu. Mais deux ou trois ans plus tard, quand débutaient les émissions à la chaîne de Radio-Canada, avec le *Ô Canada*, un peu avant sept heures le matin, on montrait des images dont, entre autres, la victoire de Greg Joy au saut en hauteur aux jeux de 1976. Tout de suite après – et ça n'avait probablement aucun rapport –, on montrait deux jeunes enfants heureux collés l'un contre l'autre. Dans ma tête de petite fille, j'ai associé la victoire avec la joie et l'amour entre les gens. C'est une image qui m'a marquée. J'avais très hâte, le matin, de regarder mes «p'tits bonshommes» à la télé, mais encore plus de voir Greg Joy pendant l'hymne national. S'il est ma première source d'inspiration, Nadia Comaneci est ma première idole. J'étais gymnaste et je voulais être comme elle. Je voulais gagner des médailles et saluer la foule de la même manière. À partir de ce moment, je suis devenue obsédée par les Olympiques. Quand j'avais neuf ou dix ans, je faisais des cartes à mes parents pour Pâques, la Saint-Valentin ou Noël et je dessinais un podium dessus. Pas des cœurs, des cocos de Pâques ou le père Noël, un podium avec moi dessus [rires]. Une chance que j'ai réalisé mon rêve, parce que, sinon, je ne sais pas ce qui me serait arrivé.

Son rêve, toutefois, ne se réalisera pas en gymnastique. Sa carrière dans cette discipline ne démarre pas très bien. Elle a subi quelques blessures et ses parents jugent qu'elle est mal encadrée par son entraîneur. Ils décident de la retirer du gymnase.

J'avais treize ans. J'entrais dans l'adolescence. J'ai fait une mini-dépression. Je ne comprenais plus rien. Mes parents étaient en train de m'enlever mon rêve olympique. Avec le recul, évidemment, je sais que c'était une bonne chose. Je n'avais pas vraiment de talent. Je le sentais à l'époque. Je regardais les Russes venues ici en 1985, au Championnat du monde de gymnastique; elles étaient à peine plus vieilles que moi et déjà championnes du monde. Moi, je ne participais même pas au championnat canadien. J'en étais encore au niveau provincial.

Alors comment s'est faite la transition vers le plongeon?

Ça faisait deux mois que je ne parlais plus à mon père. J'étais très fâchée contre lui. J'avais un foutu caractère [rires]! Il avait vu un petit reportage à la télévision sur une compétition internationale de plongeon qui s'en venait au centre Claude-Robillard. C'était Donald Dion, l'entraîneur de Sylvie Bernier, qui invitait la population à venir voir les meilleurs plongeurs et plongeuses québécois se mesurer aux Russes, Chinois et autres. Mon père a eu un flash. Il s'est dit que le plongeon était aussi un sport acrobatique, mais qui serait peut-être moins dur sur mon corps. Puis, Sylvie avait ouvert la voie avec sa médaille d'or à Los Angeles. Elle était devenue la première Québécoise à gagner une médaille en plongeon aux Jeux olympiques, tandis qu'en gymnastique ça ne s'était jamais fait. Alors, mon père a cogné à la porte de ma chambre et m'a dit : « Ti-Cul, j'peux-tu te parler ? » Ti-Cul, c'était mon surnom. Je lui ai répondu, avec mon attitude d'adolescente exaspérée : « Rapport là, c'est quoi que tu veux ? » [Rires.] Il m'a annoncé qu'il voulait m'emmener voir des compétitions de plongeon en précisant qu'on n'était pas obligés de s'asseoir ensemble. Je ne lui parlais toujours pas. Une petite graine a été plantée ce jour-là. Sur place, il est allé voir Donald Dion près de la piscine. Puis, il m'a expliqué que si je voulais faire du plongeon, il fallait que je lui parle. Je suis allée le rencontrer. Il m'a demandé si je savais nager. Je lui ai dit « ben oui » sur un ton frondeur et aussi que j'étais une ancienne gymnaste. Ça l'a intrigué et j'ai commencé à faire du plongeon le 8 juin 1987.

Après sa première journée d'entraînement, Annie écrit dans son journal personnel que si le bon Dieu lui a donné le talent, elle va tout faire pour monter sur le podium olympique un jour.

C'était un peu prétentieux de ma part. Il y avait beaucoup d'autres filles qui avaient du talent et il me restait tout à prouver. Mais j'y croyais tellement. Quand je voyais Nadia Comaneci à la télé, ça me faisait mal tellement j'aurais voulu être à sa place. J'aimais voir les autres athlètes et j'étais inspirée par leur victoire, mais je voulais être dans l'action.

Neuf ans plus tard, Annie se retrouve au centre de l'action. Qualifiée pour les jeux d'Atlanta, elle s'approche de plus en plus de son rêve le plus précieux : monter sur un podium olympique. La plongeuse amorce les jeux avec beaucoup de confiance.

Je savais que j'étais une des meilleures au monde, mais je ne l'avais pas encore prouvé. Oui, j'avais gagné la médaille d'or aux Jeux panaméricains de 1995, en Argentine, et aux Jeux du Commonwealth de 1994, à Victoria, mais les Russes et les Chinoises n'étaient pas là. Il y a une grande différence de calibre entre ces compétitions et les Jeux olympiques. J'étais fébrile, c'est sûr, mais je suis assez croyante dans la vie. Je parlais au bon Dieu et je lui disais : « Je ne sais pas ce que tu me réserves pour demain, mais il me semble que j'ai donné tout ce que je pouvais. » Je ne pouvais pas faire plus. Je m'étais totalement investie dans mon sport. Je ne ressentais pas trop de pression. J'avais la tête claire. J'étais saine d'esprit. On avait adapté mon entraînement pour que mon corps s'habitue à être au sommet de sa forme le soir, parce que la finale avait lieu en soirée. On avait décalé mon énergie plus tard dans la journée. J'étais prête.

La route vers le podium ne sera pas simple. La veille des préliminaires, son sommeil est perturbé par des plongeuses qui font du bruit en rentrant tard dans le dortoir de l'Université d'Atlanta.

J'ai très mal dormi. Je me réveille le lendemain, jour des préliminaires, avec le cerveau comme dans le cirage. Je devais faire des plongeons super compliqués. Ce sont des fractions de seconde qui déterminent si tu entres dans l'eau bien droite ou si ta position fait des éclaboussures. Un plongeon dure une seconde et demie. Si tu montes trop haut ou si tu tournes trop vite, tu vas mal entrer dans l'eau. Ça n'en prend pas beaucoup pour perdre des points. J'ai terminé dix-septième aux préliminaires. J'ai raté trois plongeons sur cinq. J'étais vraiment fâchée. J'ai piqué une crise dans la douche [rires]. Les Chinoises me regardaient la bouche ouverte. Il ne fallait surtout pas que, pour compenser, je déploie plus d'énergie qu'à l'entraînement. J'ai dû travailler très fort pour gérer ma frustration. Pour la demi-finale, je me suis dit : « Il n'y a personne qui va m'arrêter. » Contrairement aux préliminaires, on faisait toutes le même plongeon. Il fallait se démarquer dans la perfection des figures et effectuer de petits plongeons qui demandaient de la grâce et du contrôle. Une de mes forces. Et j'avais libéré toute ma hargne après la première étape. Bref, j'étais très stable et j'ai gagné cinq places pour terminer douzième en demi-finale. Mais je n'avais pas travaillé toute ma vie pour terminer douzième.

Et en finale, tu te classes troisième et remportes la médaille de bronze, mais à deux points de la médaille d'argent…

… et à deux points de la quatrième place aussi ! C'est une Américaine qui a fini quatrième. C'était bon pour moi. Je me disais, elle, je l'ai vraiment battue. On était aux États-Unis, chez elle. Dans un autre pays, c'est peut-être par vingt points que je l'aurais battue.

Après la demi-finale, tu y croyais, au podium ?

J'y croyais depuis l'âge de cinq ans ! Je n'ai jamais abandonné. Ce n'est pas aux Olympiques, entre deux épreuves, que j'allais arrêter d'y croire. C'est ma plus grande remontée à vie. De la dix-septième à la troisième place. C'est mon plus grand exploit à vie.

Il y a des athlètes qui se seraient dit : « Ce n'est pas la médaille d'or. Je vais continuer. »

C'est sûr que j'y ai pensé. Mais continuer pendant les quatre prochaines années sans aucune certitude ? J'ai commencé à m'entraîner à l'âge de cinq ans. Là, j'en avais vingt-deux. J'avais hâte de voir autre chose, d'avoir une vie plus équilibrée. Je n'ai jamais eu de couleur de médaille en tête. Je voulais monter sur le podium, peu importe la marche. Si, après avoir mené tout le long de la compétition, j'avais raté mon dernier plongeon et terminé deuxième, ç'aurait été autre chose. Sauf que j'ai gravi tous les échelons, je suis restée concentrée et je me suis battue jusqu'à la dernière seconde. Peu importe la couleur de la médaille, elle a eu la même saveur. J'ai réalisé mon rêve de petite fille.

Annie Pelletier est aujourd'hui maman du petit Arthur, né en décembre 2015, et directrice des communications de la Fondation de l'athlète d'excellence du Québec. Elle est aussi marraine des Olympiques spéciaux Québec depuis 1998.

Paul Houde

Affronter la montagne

L'intérêt pour le sport s'impose très tôt dans la vie de Paul Houde. Jeune garçon, il affectionne particulièrement les Blackhawks de Chicago, au hockey, et les Rough Riders d'Ottawa, de la Ligue canadienne de football. Il collectionne les jetons de hockey et les cartes de joueurs qu'on trouve au dos des boîtes de céréales. Il aime tout le décorum entourant la diffusion des matchs à la télé. La musique de *La soirée du hockey*, la présentation des commanditaires et les commentateurs qui gravitent autour du spectacle. À la fin des matchs – personne ne s'en étonnera –, il écrit sur une vieille machine à écrire Underwood un résumé de la rencontre. Il est fasciné par la valeur des chiffres. Les stats!

Ce qui m'intéresse, c'est le résultat statistique du dépassement et sa place dans l'histoire du sport.

J'ai rencontré Paul dans un café à quelques couloirs des studios de radio où il passe une partie de sa vie. Je connaissais bien sa passion du sport et de l'athlétisme en particulier. J'avais envie de l'entendre sur le spectacle de la performance et sur tous ces grands athlètes qui l'ont fait vibrer au fil des ans. Il m'a d'abord parlé d'un projet fou qui l'a amené lui-même à se surpasser.

Je suis passionné d'alpinisme et carrément ébloui par tous ces explorateurs qui ont atteint les plus hauts sommets, alors, en 1990, je me suis payé le trek de ma vie. Je suis allé jusqu'au camp de base du K2, à 5 200 mètres d'altitude. Le K2, à la frontière de la Chine et du Pakistan, c'est le deuxième sommet du monde, après l'Everest. C'est ma plus belle réussite sportive. Je m'étais fixé comme objectif non pas de gravir les quatorze plus hauts sommets de la planète, mais d'atteindre les quatorze camps de base. C'est encore un projet de retraite, mais au moins j'en ai atteint un [rires]. Le K2 est une montagne raide et extrêmement dangereuse. Je me suis engagé dans un trek de cinq semaines de marche avec une expédition britannique. J'avais envie de me tester physiquement. Un projet fou. J'avais beau être hyper préparé avant de partir, je n'avais pas vraiment les compétences pour cette aventure. En arrivant sur place, je rencontre mon groupe et je me rends compte immédiatement que je n'ai pas le dixième des compétences nécessaires. Je me pinçais régulièrement en me demandant ce que je faisais là. J'étais profondément habité par le syndrome de l'imposteur. Tu veux parler de dépassement ?

Je me suis retrouvé sur des parois exposées sans être encordé, sur le bout de mes pieds, saisi d'une peur paralysante. Une autre fois, il a fallu franchir une falaise qui serait l'équivalent de la Place-Ville-Marie. Il n'était pas question de savoir si j'avais le vertige ou non, il fallait que j'avance. Le leader de l'expédition m'a répété d'y aller un pas à la fois, un pas à la fois. J'ai eu la peur de ma vie, mais une fois placé dans une situation où tu ne peux pas vraiment revenir en arrière, tu te découvres des ressources insoupçonnées. Je me suis soudainement senti très fort. Et une fois que tu as goûté à ce sentiment, ça devient une drogue.

Le spectacle de la performance est aussi hautement addictif. Est-ce que tu peux te rappeler l'individu ou l'événement qui a réveillé ta passion du sport ? Ramène-moi au point de départ de la passion sportive selon Paul Houde.

Pas d'hésitation ! Tokyo, 1964. Les Jeux olympiques. J'avais neuf ans et, si je me souviens bien, Radio-Canada présentait un résumé des faits marquants de la journée à onze heures le soir. Mon père ne ratait jamais l'émission, alors je me glissais hors du lit et je rampais dans le corridor pour aller voir les images de Tokyo. Le lendemain, à l'école, j'étais fatigué, mais j'étais le seul à pouvoir parler des succès des athlètes canadiens comme Harry Jerome, médaillé de bronze au 100 mètres, ou des déboires de Bruce Kidd, le coureur de demi-fond. Je me souviens d'avoir vu entre autres Bill Crothers gagner une médaille d'argent au 800 mètres. Cette courte demi-heure de télévision que je regardais en cachette m'a donné tout de suite le goût du sport international. Ça existait à peine chez nous. À l'époque, on n'en avait que pour le Canadien…

Si le Canadien Harry Jerome remporte la médaille de bronze aux 100 mètres, c'est l'Américain Bob Hayes qui prend la médaille d'or. Il en ajoute une autre à son palmarès au relais 4 x 100 mètres. Le spectaculaire sprinteur se retire immédiatement après les jeux de Tokyo et entreprend une brillante carrière de receveur avec les Cowboys de Dallas dans la National Football League.

Bob Hayes est un bon exemple de ce qui me fait vibrer. Il a gagné sa médaille au 100 mètres à Tokyo sur une piste en cendrée détrempée, et dans le premier couloir, celui qui est le plus exposé aux vents. Dans ce temps-là, on n'attribuait pas les couloirs en fonction de la performance en demi-finale. On tirait au sort pour déterminer qui serait dans quel couloir. Donc, dans des conditions pas idéales, il a gagné la médaille d'or et battu le record du monde avec un temps de 10 s 00. Pour ajouter à l'exploit, il faut dire que son couloir avait été amoché la veille par les marcheurs du 20 kilomètres. Tout était là pour moi. J'ai été plongé immédiatement dans la valeur des chiffres. Le record du monde de Bob Hayes, ça m'excitait au plus haut point. Il venait de marquer sa place dans l'histoire du sport.

L'histoire a tendance à ne retenir que les vedettes de l'élite sportive. Pourtant au cours des décennies, ils sont des centaines à avoir réalisé des exploits hors du commun sans toutefois battre de records. Des athlètes moins flamboyants, peut-être, mais tout aussi persistants.

Très jeune, une de mes idoles était Mohammed Gammoudi, un Tunisien coureur de fond. Il était petit. J'étais petit aussi. Ce qui explique probablement pourquoi je m'identifiais à lui. Dans les années 1960, il était toujours là! Médaille d'argent à Tokyo au 10 000 mètres, médaille d'or à Mexico en 1968 au 5 000 mètres et médaille de bronze au 10 000 mètres, et il répète aux jeux de 1972 à Munich en remportant une médaille d'argent au 5 000 mètres. Il ne venait pas des hauts plateaux comme les meilleurs Africains, il venait de la mer. Je l'aimais tellement! Ce gars-là n'avait pas les attributs naturels des Kenyans ou des Éthiopiens, c'était le joker dans la place. C'était un empêcheur de tourner en rond. Il était toujours là. Le nombre de médailles qu'il a accumulées à différents championnats… Il m'a vraiment inspiré. J'en ai fait, des courses et des courses, en pensant à Gammoudi, mais sans jamais aller plus vite [rires]. C'était mon héros.

Comme quoi, avec un physique moins adapté à la course de fond, Gammoudi a quand même eu du succès. Il faut croire qu'il avait une bonne tête et un profil psychologique qui a bien servi sa cause. Il y a toujours des exceptions. Règle générale, il faut avoir les attributs pour réussir. On a l'impression que des athlètes ont été fabriqués pour la haute performance dans une discipline spécifique. Existe-t-il un dénominateur commun entre tous ces athlètes qui ont du succès?

Il y a souvent le parcours à partir de l'enfance. Les conditions ou l'environnement qui vont forger le caractère unique de l'athlète. Si tu remontes en arrière et tu fouilles dans l'enfance, que tu t'intéresses à un groupe de jeunes sportifs dans une équipe ou un programme, tu vas découvrir les électrons libres dans le groupe. Un ou deux individus qui émergent et poussent au-delà de ce que les autres peuvent faire. La nature les a fabriqués pour la performance de haut niveau. Il y a aussi ceux qui sont nés dans des conditions géographiques particulières. Prends les Éthiopiens et les Kenyans, qui appartiennent à différentes communautés ethniques de la vallée du Rift. Ils sont favorisés par un entraînement en altitude, mais il n'y a pas que ça. Les membres des différentes communautés ne s'aiment pas beaucoup et ont donc un fort esprit de compétition. Résultat: ils se retrouvent un, deux ou trois sur le podium olympique. Et ils se haïssent tous [rires]!

Il y aura toujours des athlètes d'exception. Sauf que le corps humain a ses limites. Aujourd'hui, les records continuent d'être battus. Avec des techniques d'entraînement toujours plus poussées et ciblées, des approches nouvelles en matière de nutrition, des psychologues sportifs de plus en plus présents, on peut croire qu'on n'a pas fini de s'émerveiller devant de nouveaux exploits. Toutefois, la marge de progression est de plus en plus mince. Ne crois-tu pas qu'un jour, pas si loin, on va toucher aux limites physiologiques du corps humain ? On ne courra jamais le 100 mètres en sept secondes.

Pourquoi penses-tu qu'il y a tellement de drogues dans le milieu du sport ? Oui, on a atteint une certaine limite. Je reviens toujours à l'exemple de Ben Johnson. Pourquoi remet-on en question son record de 9 secondes 79 au 100 mètres aux jeux de Séoul, en 1988, alors qu'on ne remet pas en question la performance de l'Américain Justin Gatlin, qui le court régulièrement en 9 secondes 75 ? Il est impossible que le corps humain ait évolué de façon aussi impressionnante pour que ce soit maintenant normal, vingt-cinq ans plus tard. On remet aussi en question le temps de 9 secondes 58 d'Usain Bolt en disant que ça n'a été fait qu'une fois [aux Championnats du monde, à Berlin, en 2009]. Avec le groupe de statisticiens auquel j'appartiens, on avait établi une courbe de projection pour le 100 mètres à partir du record du monde de Jim Hines – 9 secondes 95 à Mexico, en 1968. À la suite de nos calculs, nous en sommes arrivés à la conclusion qu'on ne pourrait pas réaliser un meilleur temps que 9 secondes 64. À partir de là, il faudrait changer le revêtement de la piste ou commencer à mesurer les temps au millième de seconde.

Usain Bolt a pourtant fait 9 secondes 58…

C'est vrai, mais il ne l'a fait qu'une fois. On ne voyait pas ça, avant, des sprinteurs de six pieds cinq pouces [un mètre quatre-vingt-quinze], c'étaient plutôt des gabarits comme celui de Gatlin, petit et compact. Ou encore des athlètes hyper musclés comme Ben Johnson. Mais Ben Johnson, sans les anabolisants, n'aurait pas été aussi gros.

On aimerait bien que nos héros ne nous déçoivent pas. Ben Johnson, bien qu'on soit nombreux à le considérer comme une victime du système, est descendu de son piédestal en moins de vingt-quatre heures à Séoul, en 1988. Elles sont nombreuses, les vedettes du sport, à avoir perdu leurs titres, leurs médailles et autres maillots jaunes. Est-ce que le jeune amateur ou l'observateur éclairé qui s'émerveille devant ses héros ne devient pas cynique devant les scandales de dopage, la fraude et la corruption au sein des organisations sportives ?

D'autant plus qu'on vit à une époque où le moindre événement fait l'objet d'un jugement instantané avec Internet et les réseaux sociaux. Le poids d'une performance
dite de légende s'estompe tellement rapidement. On n'a
plus suffisamment de recul pour s'intéresser de près aux
nuances. Les jeunes, aujourd'hui, se réfugient dans les
sports extrêmes parce que le territoire historique est
vierge. Ils se lancent dans le skicross, le surf des neiges et
autres activités sportives extrêmes. Et pour écrire leur
propre légende, ils ont organisé les X Games. Le mouvement olympique ne sait plus très bien comment intégrer
de nouvelles épreuves attrayantes et excitantes. Et je ne
parle pas de la corruption au sein des grandes organisations comme l'IAAF [International Association of
Athletics Federations – Association internationale des
fédérations d'athlétisme] ou la FIFA [Fédération internationale de football association]… Donc, plutôt que de
se tourner vers les couloirs traditionnels pour faire une
brillante carrière sportive dans le tennis, le ski alpin ou
le hockey, les jeunes se dirigent vers les sports extrêmes.

**On n'allait pas se quitter sur des idées sombres. Il suffit
de demander à Paul Houde s'il a encore des héros, s'il
est toujours capable de s'élever au-delà du cynisme
pour s'émerveiller devant certains athlètes ou de
grandes performances, pour que ses yeux se mettent à
briller.**

J'ai soixante et un ans et je porte fièrement le chandail de Jonathan Toews des Blackhawks de Chicago. Normalement, à mon âge, on n'a pas de héros. Ou, en tout cas, on garde une certaine réserve. J'ai une approche de petit garçon. J'ai suivi les trois dernières conquêtes de la Coupe Stanley par les Blackhawks. Je suis allé à Chicago encourager mon équipe comme un enfant. J'ai acheté l'écusson officiel de la victoire, que j'ai fait broder sur mon chandail des Hawks. Je suis un fan fini !

À défaut d'atteindre le sommet des plus hautes montagnes de la planète, Paul trône au sommet des cotes d'écoute de la radio montréalaise à l'heure du retour à la maison, au 98,5 FM.

Jean-Luc Brassard

La camaraderie olympique

Tout commence durant l'enfance, à l'âge de six ou sept ans, à Salaberry-de-Valleyfield. Jean-Luc Brassard a envie de s'adonner à la gymnastique, une discipline pour laquelle il a un talent naturel. Puis, avec ses cousins, il découvre les pistes du mont Olympia, dans les Laurentides. Après quelques week-ends à se familiariser avec le ski, il ne veut plus décoller des pentes et, surtout, des bosses. Un midi, à l'heure du lunch, il tombe sur la Coupe du monde de ski acrobatique au mont Gabriel, présentée à *L'univers des sports*, à l'antenne de Radio-Canada.

Ça a changé ma vie ! J'étais incapable de dire un mot. Je regardais l'écran et c'était la chose la plus spectaculaire de ma vie. On a passé le reste de l'hiver à faire des bosses. On avait enregistré l'émission et la cassette VHS est devenue notre coach. Elle n'est plus lisible, aujourd'hui !

Volubile, je n'ai pas eu à poser de question pour qu'il démarre. Il y a, chez Jean-Luc, une envie de raconter, de se souvenir, de revivre les multiples voyages en Europe et en Asie, la camaraderie et le plaisir de glisser sur les plus belles pistes du monde. Quand je lui parle des sacrifices que doivent consentir les athlètes de haut niveau, il me répond spontanément : « Quels sacrifices ? J'adorais ça ! »

On était des ados attardés ! On voyageait à travers le monde avec zéro encadrement.

Presque vingt-cinq ans plus tard, à titre de chef de mission adjoint pour l'équipe canadienne aux Jeux olympiques d'hiver de 2014, à Sotchi, le médaillé d'or des jeux de Lillehammer de 1994 a passé presque tout son temps en montagne avec les skieurs canadiens. Habitué à la vie solitaire de l'athlète qui pratique un sport individuel, il a découvert les plaisirs du travail d'équipe.

J'étais en haut de la montagne avec toute ma gang. On a créé une belle synergie. C'était génial. Pour un athlète de sport individuel comme moi, j'ai vu ce qu'était la force d'une équipe. Quand Alexandre Bilodeau apprend que Sidney Crosby va venir l'encourager, c'est précieux. L'idée, c'est de planifier. À la dernière minute, le jour de l'épreuve, la concentration de l'athlète est ailleurs. Quand je suis rentré de Russie, j'ai suggéré au Comité olympique canadien de transformer le rôle de chef de mission pour qu'il soit moins honorifique et politique et plus efficace sur le terrain. Le but n'est pas de prendre la place des fédérations, mais de travailler avec elles et directement avec les athlètes. Ça me permet de faire partager mes expériences, bonnes et mauvaises, de leur expliquer à quoi s'attendre. À Sotchi, déjà, j'avançais l'idée qu'on ne pouvait pas traiter Alexandre Bilodeau et Mikaël Kingsbury [qui récoltera une médaille d'argent en ski acrobatique à Sotchi] de la même manière. Bilodeau avait déjà gagné une médaille d'or aux jeux de Vancouver – donc on ne pouvait pas répéter l'expérience d'une première médaille –, alors que, pour Kingsbury, c'était l'inconnu. Tout était nouveau. Il fallait rappeler à Alexandre que ça ne serait jamais aussi gros qu'à Vancouver, qu'il n'y aurait pas, à Sotchi, dix mille personnes derrière lui. Il fallait changer l'approche. On lui disait qu'il allait non pas « défendre » une médaille, mais en « conquérir » une autre. Personne n'allait lui enlever celle de Vancouver. Il fallait adapter l'approche de façon à réduire la pression.

Et la pression, Jean-Luc Brassard connaît ça. Dans les minutes qui ont précédé sa descente victorieuse, à Lillehammer, en 1994, il était paralysé par la peur en haut de la pente. Il voulait abandonner. La pression des Jeux olympiques était trop lourde à porter. Son coach lui a rappelé pourquoi il faisait du ski; lui a parlé de plaisir, tout simplement.

Il faut ramener les choses à l'essentiel. Il y a des moments où ça ne sert à rien d'énoncer des grandes théories. En période de pointe, tu ne veux pas entendre des choses compliquées. En haut d'une pente, quand tu éprouves un gros stress, que tu es gonflé d'adrénaline, ce n'est pas le temps. Les commentateurs disent souvent des athlètes au départ d'une épreuve : « Il fait preuve d'un calme olympien. » [Rires.] Je n'ai jamais été aussi stressé que dans l'aire de départ, en haut d'une piste. On a l'air calme, mais, à l'intérieur, on est tellement à l'envers. C'est épouvantable !

Il y a différents profils d'athlète. Quand Usain Bolt tourne la tête calmement dans les vingt derniers mètres d'un sprint, pendant une finale olympique, pour vérifier où en sont ses adversaires, on ne peut pas dire qu'il soit *full stress*.

Je suis peut-être mon pire ennemi, mais je pense que, pour la plupart des athlètes, ça prend de la nervosité pour performer aux jeux. La ligne est très mince entre un succès et un échec. Il n'y a presque pas de marge de manœuvre. L'adrénaline te maintient en état d'alerte. Le but, c'est d'arriver complètement préparé et confiant, de sorte qu'il n'y a aucun doute dans ton esprit sur tes chances. Une fois sur place, il faut composer avec le stress de la compétition et rien d'autre.

Aujourd'hui, on fait appel à des psychologues sportifs pour encadrer les athlètes. Je pense à Wayne Halliwell, qui a contribué à la préparation mentale d'Alex Bilodeau, des sœurs Dufour-Lapointe, de Bruni Surin et de plusieurs autres.

On n'en avait pas. Dans les années 1990, parfois, on débloquait un budget une semaine avant une compétition au Canada et un thérapeute passait nous voir pour vérifier si ça allait dans l'équipe. Tu ne peux pas développer de complicité dans ces conditions-là.

Jean-Luc a participé à quatre Jeux olympiques. Pour les premiers, en 1992, à Albertville, en France, il avait des rêves plus glamours que glorieux. Il se voyait associé à de gros commanditaires, avec une montre de luxe au poignet, une nouvelle voiture et une belle fille au bras. Un ado qui veut être connu pour les mauvaises raisons. Animé par un désir de célébrité, il pensait à la vie après les exploits sportifs. Disons que ce n'était pas une grande stratégie.

C'était nul! Je pense que j'aurais quand même pu monter sur le podium, sauf que je manquais d'encadrement. Il n'y avait qu'un coach pour seize athlètes, qui faisaient ce qu'ils pouvaient. Aujourd'hui, c'est un pour un ou un pour deux. On s'autocoachait, d'une certaine manière. À Albertville, le jour de l'épreuve, il y avait une mégatempête de neige et je voyais les autres faire des erreurs, alors j'ai décidé d'aller moins vite pour éviter d'en faire. Sauf qu'aux Jeux olympiques personne ne va lentement. En plus, j'avais une position de rêve : troisième avant-dernier. Je pouvais attaquer et mettre la pression sur les deux derniers. J'arrive en bas, je lève les yeux vers le tableau. Cinquième ! Ensuite, j'ai vu les deux Français mettre le feu à la piste. Je me maudissais. J'ai pleuré pendant trois semaines. Je suis probablement le seul athlète dans l'histoire des Jeux olympiques qui ait descendu la pente trop lentement [rires].

Les jeux de Lillehammer, deux ans plus tard, c'est une autre histoire…

Tout le contraire. Je ne voulais pas rater mon coup. Je suis passé d'un extrême à l'autre. J'ai commencé à visualiser le parcours et le paysage l'été d'avant, dans la cuisine de mes parents, pour que ça devienne du déjà-vu. Je me suis beaucoup interrogé sur les raisons de mes victoires et de mes défaites. J'ai compris que j'étais responsable de mon sort. Ça m'a bien servi.

En 1998, aux jeux de Nagano, au Japon, à la veille des cérémonies d'ouverture, le Comité olympique canadien propose à Jean-Luc d'être le porte-drapeau du Canada. Un genre de cadeau empoisonné. On lui a reproché de manquer d'enthousiasme pour l'honneur

qu'on lui faisait, et la presse anglophone a laissé entendre que Wayne Gretzky ou Elvis Stojko auraient peut-être été de meilleurs choix.

Quand je suis revenu de Lillehammer, j'ai eu droit à un raz-de-marée d'amour. C'était très gratifiant, sauf que j'ai aussi reçu des dizaines et des dizaines de requêtes pour endosser telle ou telle cause. Tous les jours, il y avait une demande. Quand je refusais, on me faisait sentir coupable, on me disait que j'avais des choses à rendre à la communauté. Au sein de mon équipe, on aurait voulu que j'en fasse plus pour attirer des commanditaires. J'avais pourtant l'impression d'en faire déjà beaucoup. La belle entente que j'avais avec mes coéquipiers a commencé à se briser. J'étais vraiment déchiré. J'arrive à Nagano mentalement épuisé, puis survient l'affaire du drapeau. On m'avait laissé entendre que mon rôle de porte-drapeau se limiterait à une participation à une conférence de presse, à une présentation aux athlètes et c'est tout. Dans la réalité, il y avait beaucoup plus de sollicitations. En plus, j'ai fait des déclarations malhabiles, dans un mauvais anglais, sur le drapeau. Mon nom a été cité à la Chambre des communes. Tout à coup, j'ai commencé à recevoir des appels de journalistes politiques. J'étais complètement dépassé. J'avais décidé de ne pas loger au village olympique, mais de m'installer dans un petit hôtel à cinq minutes de marche des pistes. Ma compétition avait lieu deux jours après la cérémonie d'ouverture et le défilé des athlètes. J'avais besoin de me concentrer là-dessus. Je suis devenu très défensif. Il fallait que je fasse quelque chose et je ne savais plus vers qui me tourner.

Presque vingt ans plus tard, les larmes lui montent encore aux yeux quand il raconte cette période difficile qui marque le début de la fin de sa carrière.

J'ai hésité avant d'appeler mes parents. Je ne voulais pas les inquiéter. Je savais que j'allais pleurer et ils étaient eux-mêmes pas mal débordés. Un soir, j'ai pris le téléphone dans le lobby de l'hôtel et je les ai appelés. Il a suffi que ma mère me demande « comment ça va ? » pour que je me mette à pleurer ; ça a duré dix minutes. Elle m'a dit des choses simples : il faisait beau à Valleyfield, la lune était belle et le fleuve serait toujours là à mon retour. Elle m'a ramené à l'essentiel. C'est de ça que j'avais besoin. Le lendemain, j'ai décidé de faire l'épreuve pour moi. Je me suis isolé avec mon walkman, ce qui n'était pas dans mes habitudes, et j'ai demandé à mes entraîneurs de me laisser tranquille. J'ai terminé quatrième. Il me manquait le feu sacré. J'ai fait ce que je pouvais à ce moment-là. Je n'ai jamais retrouvé le feu sacré par la suite. Avec le temps, j'ai fini par accepter que, même si j'adorais mon sport, je n'aimais pas beaucoup la compétition.

Entre Nagano, en 1998, et les Jeux olympiques d'hiver de 2002, à Salt Lake City, Jean-Luc poursuit sa carrière, mais sans la passion dévorante de la décennie 1990. Il se blesse à un genou et des complications postopératoires nuisent à ses performances. Il arrive malgré tout en Utah en grande forme, mais, à l'épreuve finale, il commet une erreur et termine en vingt et unième position.

J'ai vraiment aimé ma carrière, même si elle est loin d'avoir été parfaite. Elle a été vraiment cool. Je n'ai pas fait de sacrifices. Sur douze ans de carrière, je peux compter sur les doigts d'une main les jours où j'ai fait des sacrifices. Ne pas sortir avec mes *chums*, le samedi soir, ça ne me dérangeait absolument pas. Je ne voulais pas compromettre ma journée de ski du dimanche. Plus tard, sur le circuit de la Coupe du monde, on était comme des ados attardés qui partaient voyager à travers le monde sans aucun encadrement. La seule ligne de conduite qu'on suivait, c'était le gros bon sens. Il fallait être en forme pour pouvoir compétitionner la fin de semaine. Contrairement à ce qu'on pourrait croire, ce n'était pas le gros luxe. On n'avait pas de budget. On habitait à plusieurs dans des petits appartements. On se faisait à manger nous-mêmes. On louait des camionnettes et on se déplaçait en groupe. Il nous est arrivé de rater le train, alors on dormait dans des stationnements. Dans les aéroports, il nous arrivait de dormir dans nos sacs d'équipement. Des fois, on râlait contre le manque de budget et de commanditaires. On était l'équipe canadienne, après tout! Mais on avait des bons résultats. Puis, vers la fin, j'ai décroché des bons commanditaires. Mais ce n'est pas ça que je retiens. Je me rappelle surtout le plaisir et la camaraderie.

Jean-Luc Brassard est animateur de la série télévisée *Canada plus grand que nature* sur la chaîne UNIS TV. Cette série vise à mettre en valeur les parcs nationaux canadiens. Il est également accompagnateur de groupes pour des voyages de ski autour du monde.

Serge Savard

Le guerrier tranquille

Difficile de ne pas être impressionné par Serge Savard. À soixante-dix ans, l'ancien défenseur et directeur général des Canadiens de Montréal en impose toujours autant. L'homme mesure six pieds trois pouces [un mètre quatre-vingt-dix], pèse plus de deux cents livres [quatre-vingt-onze kilos] et ne laisse transparaître à peu près aucune émotion. Probablement un vieux fond de timidité qui lui colle à la peau.

Je n'ai peur de rien.

Il peut se vanter d'avoir eu une brillante carrière dans la Ligue nationale de hockey (LNH), ce dont témoigne la bague de la Coupe Stanley qu'il porte au doigt. Il pourrait d'ailleurs en porter une à chaque doigt des deux mains. Huit comme joueur et deux comme directeur général. Qui dit mieux? Déjà, à sa deuxième année dans la LNH, à l'âge de vingt-trois ans, il reçoit le trophée Conn Smythe, remis au joueur le plus utile à son équipe pendant les séries éliminatoires.

Quand on me demande de nommer un moment précis où je me suis poussé à la limite, je pense au deuxième match de la demi-finale contre les Bruins de Boston, en 1969. La finale ne voulait rien dire, on allait jouer contre les Blues de Saint-Louis. Pour nous, c'était contre Boston, la vraie finale. On traînait de l'arrière par un but (2-3) en fin de troisième période. Naturellement, je mettais beaucoup de pression à l'attaque et je me suis retrouvé profondément dans le territoire des Bruins. Il reste une minute à jouer. Je reviens vers notre territoire sans trop savoir ce qui se passe. Je lève les yeux et j'aperçois Phil Esposito et Ken Hodge qui s'échangent la rondelle en se dirigeant vers un filet désert. Je réussis à me glisser entre eux, j'intercepte une passe, retourne en territoire adverse et marque le but égalisateur! Je ne serais jamais parvenu à faire ce que j'ai fait sans l'adrénaline. Ça n'arrive pas dans un match ordinaire. C'était du pur instinct. Il ne faut jamais lâcher. Tu ne penses pas à la fatigue, tu fonces.

Au bout du compte, Savard aura connu une grande série en 1968-1969. Il accumule dix points en quatorze matchs (quatre buts, six passes) et on ne compte pas le nombre de dégagements et de tirs bloqués. Les Canadiens vont ensuite balayer les Blues de Saint-Louis en

quatre matchs faciles et remporter la coupe Stanley. Pas mal, pour une deuxième année dans la Ligue nationale. L'année suivante, les choses se gâtent. En mars 1970, il se casse une jambe à cinq endroits en frappant le poteau du gardien adverse. Puis, double malchance, en février 1971, il se casse la jambe à nouveau. Pensait-il que sa carrière était terminée ?

Je n'ai jamais pensé comme ça. Je ne suis pas un nerveux.

Malgré toutes les coupes Stanley, les victoires les plus douces, pour Serge Savard, sont celles qu'il a remportées en septembre 1972 contre les Soviétiques dans le cadre de la Série du siècle. Cette série de huit matchs qui opposaient les meilleurs joueurs canadiens à l'élite du hockey soviétique ne se déroule pas comme prévu. Contre toute attente, l'équipe canadienne perd le premier et le dernier des quatre matchs en sol canadien. Les joueurs débarquent à Moscou avec, en poche, une maigre récolte d'une victoire et d'un match nul.

Dans toute ma carrière de hockey, et sûrement pour les autres joueurs de l'équipe aussi, il est impossible de s'élever aussi haut qu'en 1972. L'enjeu était trop grand. On était là pour jouer au hockey, mais la série est devenue politique. On a été mis dans une situation sans trop nous l'expliquer. Les Russes voulaient démontrer que leur méthode de jeu était meilleure que la nôtre. Ça nous a fouettés. Phil Esposito, sans aucun doute, a joué le meilleur hockey de sa carrière. On se rappelle surtout Paul Henderson parce qu'il a marqué le but gagnant dans les trois derniers matchs – et il a eu toute une série ! –, mais il ne faut pas oublier le travail qui a été fait autour de lui par Ron Ellis, Yvan Cournoyer, Esposito et d'autres. Mais l'histoire retient surtout celui qui a marqué le but.

Est-ce qu'on peut appliquer le principe du dépassement de soi à un groupe de joueurs, à une équipe au complet ?

Ça arrive, mais c'est plus difficile à atteindre dans les sports d'équipe. Je pense que la Série du siècle 1972 est un bon exemple. Tous les joueurs ont élevé leur jeu. Sauf qu'on n'a pas toujours le contrôle. Prends Stéphane Richer, dans les années 1980, il avait le meilleur coup de patin et le meilleur lancer. Il était bâti comme un arbre. Tu veux créer un athlète sur un ordinateur, tu fais Stéphane Richer. Il avait tout pour lui. Deux fois, il a marqué cinquante buts en une saison, mais il pouvait passer trois matchs sans que tu le voies sur la patinoire. Puis, au match suivant, il marquait trois buts. C'est le genre de joueur que tu ne pouvais pas pousser. Ça ne servait à rien. Tout le monde sait ce qu'est un bon joueur de hockey. Sur papier, c'est facile. Dans la réalité, il faut les prendre comme ils sont.

Parlons alors de performances individuelles soutenues. Est-ce que tu peux nommer quelques joueurs qui t'ont impressionné par leur détermination à toujours pousser les limites ?

[Sans hésitation] Guy Lafleur ! Quand on mangeait à l'hôtel, le midi, à l'étranger ou pendant les séries éliminatoires, les gars retournaient ensuite à leur chambre. Lui, il se rendait à l'aréna avec les entraîneurs. Il mettait son survêtement et s'entraînait à fond. Il était tout trempé. Je ne suis pas capable de me souvenir d'un mauvais match de sa part. Il se donnait tout le temps. Jamais de demi-mesure. Toujours à cent milles à l'heure sans ralentir dans les courbes, aussi bien sur la patinoire que dans sa vie personnelle. Il avait sa façon à lui de faire les choses et il n'écoutait personne. Un autre qui donnait tout ce qu'il avait à chaque match, c'était Patrick Roy. Toujours à fond. Il a eu beaucoup de succès, lui aussi. Je pourrais t'en nommer d'autres. Brendan Gallagher ne lâche jamais. Mike Keane, c'était un bon petit joueur, toujours constant et sans crainte. Après sa carrière dans la Ligue nationale et trois Coupes Stanley avec trois équipes différentes, il a continué à jouer avec la même détermination dans la ligue américaine jusqu'à l'âge de quarante-deux ans. Il n'avait pas le même talent que Lafleur ou Roy, mais il avait la même attitude.

On pourrait nommer P. K. Subban aussi. Il y a de ces joueurs qui préféreraient ne jamais quitter la patinoire. Il y a ce désir de gagner qui les habite en permanence et le pur plaisir de pratiquer un sport qui est dans leur ADN depuis très tôt dans l'enfance. Serge Savard est né à Montréal, mais a grandi à Landrienne, en Abitibi. C'est là qu'il a mis les pieds sur la glace pour la première fois.

Je me souviens de mes premiers patins. Je devais avoir autour de quatre ans. On les commandait chez Eaton ou chez Dupuis Frères. Il n'y avait rien d'autre à faire, à Landrienne. Au début des années 1950, il n'y avait pas de télévision. Il n'y avait pas de *backstop* pour jouer au baseball. Il y avait juste le hockey. On était un petit groupe d'amis de dix ou douze ans qui se divisait en deux sur la patinoire du village. On jouait tout l'hiver. On pouvait passer de vingt à trente heures par semaine sur la glace. S'il faisait beau, la fin de semaine, on n'enlevait même pas nos patins pour dîner. On s'occupait de la patinoire nous-mêmes. On faisait la glace et on déblayait quand il y avait de la neige.

À l'âge de douze ans, les parents de Serge l'inscrivent au collège classique de Rouyn, où il y avait trois équipes : midget, juvénile et senior. Il commence en septembre avec les garçons de son âge dans l'équipe midget, mais, étant donné sa taille et son talent, il se retrouve chez

les seniors à Noël. Le garçon de douze ans fait équipe avec des jeunes hommes de dix-huit et dix-neuf ans.

J'avais douze ans et je jouais avec les gars de Philo I et II. Je figurais parmi les meilleurs de l'équipe. Je commençais à me dire que si j'étais le meilleur à chaque niveau, je pourrais peut-être réussir à grimper les échelons. Je n'avais pas de certitude, mais j'y pensais. Sauf qu'à Rouyn il n'y avait pas d'autres collèges. On jouait entre nous. Personne ne nous voyait jouer. C'était limité. Mais les gens de Landrienne parlaient et, un jour, un dépisteur des Canadiens venu de Rouyn – il était aussi commis-voyageur ; il vendait des biscuits dans tous les villages de l'Abitibi – s'arrête à Landrienne. Le responsable des achats au magasin général lui parle de moi en lui disant : « On en a un crime de bon ici. Il va au collège de Rouyn. » Le dépisteur, un bon gars, mais un paresseux, m'a invité au camp d'entraînement des Canadiens Junior à Montréal sur recommandation. Sans même m'avoir vu jouer. J'avais quinze ans.

Il y avait un conflit d'horaire entre le camp d'entraînement et le début des classes en septembre. On ne parlait pas de programme sport-études dans ces années-là. Serge Savard a dû faire un choix.

Si tu voulais participer au camp, qui durait un mois, il fallait que tu abandonnes l'école. Mon titulaire, un dénommé Riberdi, m'avait dit : « Si tu vas à Montréal, ne reviens pas. » Ma mère ne voulait pas que je parte. Moi, je n'étais pas anxieux. Je n'avais peur de rien. Un de mes amis me disait toujours : « Toi, t'as plus peur de la fin du monde que de la fin du mois ! » [Rires.] C'est mon père qui a tranché en me demandant ce que moi, je voulais. Je lui ai répondu que je voulais y aller. Il m'a dit : « Vas-y ! »

Après le camp d'entraînement, Serge Savard retournait au collège de Rouyn pour récupérer ses effets. Les Canadiens avaient décidé de le garder. On lui payait sa pension et un salaire de douze dollars par semaine.

Aux dernières nouvelles, l'ex-défenseur vedette et ex-directeur général des Canadiens de Montréal coulait des jours heureux une bonne partie de l'année à Hilton Head, en Caroline du Sud, où il pratique le vélo tous les jours.

Mylène Paquette

La jeune femme et la mer

Le 6 juillet 2013, Mylène Paquette quitte le port d'Halifax, en Nouvelle-Écosse, à bord du *Hermel* pour une traversée de l'Atlantique Nord à la rame en solitaire qui durera cent vingt-neuf jours et qui la mènera des côtes canadiennes au port de Lorient, en France. Après cinq mille kilomètres en solitaire et une dizaine de chavirages, la jeune femme de trente-cinq ans devient la première personne des Amériques à réaliser cet exploit.

Le dépassement est au quotidien, dans les détails. Sur l'océan, j'étais le bateau…

Mylène Paquette s'est fait connaître par la fameuse traversée de l'Atlantique en 2013, mais, de janvier à mars 2010, elle avait traversé l'Atlantique Sud entre le Maroc et la Barbade à la rame en équipage. Puis, au cours de l'été 2011, elle parcourt en solo le Saint-Laurent à la rame, de Montréal aux Îles-de-la-Madeleine.

L'ironie de toutes ces aventures, c'est que Mylène n'est pas très à l'aise dans l'eau. Pas évident quand on doit passer quatre mois, seule, en plein milieu de l'océan.

Être entourée d'eau ne me fait pas peur. C'est comme quelqu'un qui a le vertige et qui travaille au trentième étage d'un édifice. La personne n'a pas peur d'être en hauteur, elle a peur d'être déstabilisée, d'être collée à la fenêtre et de tomber en bas. On peut passer toute sa carrière au trentième étage sans trop remarquer la hauteur. Quand je suis sur l'eau, je suis bien. C'est quand je suis seule et que mon corps est immergé dans l'eau que ça pose problème. Je suis de la génération *Jaws*. J'ai grandi avec des images de grand requin blanc. De tout mon cheminement, avoir à descendre dans l'eau est la chose que j'ai le plus repoussée. Je me suis toujours dit : « Je ne vais pas pouvoir quitter mon bateau pour rentrer dans l'eau. » Peut-être que j'aime tricoter avec cette peur. Être sur une immense surface d'eau me pousse à la limite de ce qui me fait peur. Ça me pousse à garder le contrôle en tout temps. En mer, je ne peux pas éviter ce qui me fait peur.

En 2006, Mylène Paquette vit sa première expérience de voile sur le lac Champlain en compagnie de sa sœur. Elle éprouve presque instantanément une fascination pour les navigateurs qui font de longues expéditions autour du monde. Elle découvre aussi qu'il est possible

de traverser les océans à la rame. À partir de là, l'idée d'une traversée de l'Atlantique en solitaire commence à germer dans son esprit.

Quand j'ai appris qu'aucun Canadien ou Nord-Américain n'avait traversé l'Atlantique Nord à la rame, je me suis dit : « Ça va être moi, la première ! » C'est comme si le projet m'avait choisie. Je n'étais pas particulièrement attirée par une petite vie rangée et j'avais soudainement un rêve devant moi. La seule chose qui m'a fait hésiter, c'est la peur d'être immergée dans l'eau. Et c'était une grosse difficulté. Même dans les piscines, j'ai peur des requins [rires] !

Si on regarde cela du point de vue de la psychologie populaire, on pourrait dire que c'est une façon d'affronter ses démons. Ça pourrait expliquer en partie ce qui pousse la rameuse à prendre la mer.

Affronter mes démons ? Je ne sais pas. Ma mère me disait souvent que je n'étais pas une fille patiente. Mon principal démon, c'est peut-être l'impatience. Encore plus que l'eau. Et c'est vrai ! En mer, c'est le défaut qui m'apparaissait le plus gros. C'est ce qui m'a rendu la vie le plus difficile. Il fallait que j'attende la bonne météo, par exemple. Dans les quarante-cinq premiers jours, j'ai dû attendre trente-six jours enfermée et attachée dans ma cabine à me faire brasser. J'avais hâte de pouvoir avancer et prouver que j'étais capable de ramer. J'ai commencé à lâcher prise à quatre cent quatre-vingts kilomètres des côtes canadiennes. Ça faisait soixante-dix jours que j'étais partie. Pendant une semaine, j'ai tourné en rond. J'avançais et je reculais à répétition. C'est là que je me suis rendu compte que si je voulais être heureuse dans ce projet-là, il fallait que je change d'attitude et que j'accepte que ça ne marcherait pas toujours comme je voulais, que la météo ne me laisserait pas toujours passer. J'ai réalisé que chaque jour en mer était une victoire. J'étais en santé et mon bateau était toujours en bon état de marche. À partir de là, j'ai arrêté de mesurer ce qui restait à accomplir. C'était déjà une victoire d'être partie. Ça voulait dire que j'avais réussi à boucler le budget pour monter l'aventure. Une autre victoire. Il ne me restait qu'à me croiser les doigts pour la météo, souhaiter ne pas rencontrer de tempête ni d'ouragan et continuer d'avancer un petit coup de rame à la fois. Le reste, ce n'était qu'une question d'attitude. Tout ce que je pouvais contrôler, c'étaient mes réactions et mes émotions. On disait que c'était tout un exemple de dépassement de soi, cette aventure-là. Mais le dépassement était au quotidien, dans les détails.

Aucun moment de panique ?

Vers la mi-août, au moment où je tournais en rond sans pouvoir avancer, j'ai connu une période très noire. Ça a duré une douzaine d'heures. Je pleurais sans arrêt en me disant que c'est comme ça qu'on ruine une vie, avec des projets utopiques qui ne marchent pas : « Je n'ai plus de maison, je n'ai plus de *chum*, je n'ai plus de job, je n'ai pas de diplôme parce que j'avais ce projet de traverser l'Atlantique à la rame et là, ça n'avance pas à cause de la météo. Ou j'ai peur de ramer parce que les vagues sont trop grosses alors que d'autres ont réussi avant moi. Et qu'est-ce que je vais faire après ? » J'imaginais un scénario catastrophe.

On ne peut pas passer des années de préparation et cent vingt-neuf jours, vingt-quatre heures sur vingt-quatre, sur un bateau sans développer une relation avec l'embarcation. Les bateaux ont de la personnalité. Certains ont de la gueule, d'autres moins. Dans le cadre d'une longue traversée en solitaire, rien n'est laissé au hasard. Le bateau a été conçu pour mener Mylène à bon port. C'est dire à quel point elle y est attachée.

Je me suis privée de manger pour le payer. Je me suis privée de répondre à mes besoins pour répondre aux besoins de ce rêve de traverser l'Atlantique avec ce bateau-là. Je trouvais plus important d'investir dans le bateau pour que le projet puisse se réaliser que de manger convenablement. J'ai beaucoup donné. Inévitablement, il a pris vie. Aussitôt que je l'ai reçu et chaque fois que je le voyais, je lui parlais. En cachette, pas devant tout le monde [rires]. Quand je suis partie en mer, ça a été une symbiose incroyable. Il est devenu une prothèse, un peu comme une chaise roulante pour une personne handicapée. Je ne pouvais pas survivre sans lui. Il est devenu une extension de moi-même. Au point où je ne mettais pas de gants pour ramer parce que je voulais vraiment sentir les rames dans ma main. Les rames étaient une extension de mes bras comme le bateau de mon corps. Je reconnaissais tous les sons qu'il produisait. Je savais que l'eau rentrait dans tel ou tel compartiment. Tous les petits sons te renseignent sur l'état du bateau. Nécessairement, la coupure avec le bateau a été très difficile quand je suis arrivée à Lorient. J'avais l'impression de le trahir. C'était lui la vedette. C'étaient nous deux ! Sur l'océan, j'étais le bateau. La symbiose était parfaite.

On existe un peu à travers le regard des autres. Quand on est seul trop longtemps, on a moins le sentiment d'exister parce qu'il n'y a personne pour nous renvoyer une image de nous-mêmes. Dans le film *Seul au monde*, le personnage qu'interprète Tom Hanks avait dessiné des yeux et une bouche sur un ballon pour tromper sa solitude. Sauf que l'aventure de Mylène Paquette, ce n'était pas du cinéma.

Il y avait un oiseau qui dormait dans mon cockpit, la nuit. Le matin, je le prenais pour le sortir. Je lui avais donné un nom, même si ce n'était probablement pas toujours le même oiseau. Je lui parlais et je l'appelais Velcro. Il y en a un autre que j'appelais Wi-Fi parce qu'on avait une bonne connexion [rires]. Il passait son temps à tourner au-dessus de mon bateau pour empêcher les autres de venir trop près. Il avait sans doute compris que mon éolienne était dangereuse, alors il empêchait les jeunes de s'approcher. Les petits qui dormaient dans le cockpit, c'étaient des pétrels, les autres étaient des puffins. Il y avait aussi des baleines qui venaient près de moi assez régulièrement. Alors, j'avais ce genre d'interactions. Mais contrairement à Tom Hanks, je n'étais pas seule sur une île. Je n'avais pas l'impression d'être seule. Mon équipe était toujours au bout du fil. Ironiquement, le moment où je me suis sentie le plus seule de toute cette aventure, c'est à l'arrivée. Je me suis retrouvée dans un bateau à moteur qui remorquait mon embarcation jusqu'au port de Lorient. Ça a duré seize heures, pendant lesquelles j'ai donné des dizaines et des dizaines d'entrevues aussi bien pour la France que pour le Canada. Souvent deux téléphones à la fois. Puis, une fois débarquée au port, je me suis littéralement fait enlever. Je n'ai pas eu une seconde pour me poser. J'ai été emportée par une marée humaine qui voulait me toucher et savoir comment je me sentais. Ça a duré des jours. Je sais que ça fait partie du jeu, mais je me suis sentie seule au milieu de tout ça. Mon équipe pensait bien faire, mais il aurait fallu que je m'asseye quelques minutes devant une bière. C'était étourdissant. Je me suis sentie seule dans le tourbillon.

As-tu vécu un blues du retour ?

Pas immédiatement. Ça a tellement été la frénésie. Je l'ai eu presque un an plus tard, en septembre, après *La traversée symphonique*, le spectacle organisé par l'Orchestre symphonique de Montréal et inspiré de mon aventure. J'avais ensuite cinq jours de congé et ce sont les premiers moments depuis très longtemps où je n'avais rien à l'agenda. Ça a été dur de recevoir tout cet amour et toute cette reconnaissance, puis de me retrouver seule dès le lendemain. Ça a été ça, mon vrai *down*. C'est sûr qu'il me manquait quelque chose dans les mois qui ont suivi mon retour. Je m'ennuyais de l'océan, de la simplicité, de l'horizon. Il y avait un manque, mais pas vraiment un *down* émotif. Les membres de mon équipe, eux, ont eu un gros *down*. Ils m'avaient suivie tous les jours sur le radar. Ils étaient toujours en contact l'un avec l'autre : mon routeur météo, mon technicien, Hermel, et son fils Benoît, mon responsable de gestion de crise. Ils n'avaient plus ces contacts-là. Puis, je n'ai pas su les aider dans ça. J'étais emportée ailleurs. Je n'ai pas été une bonne leader de projet. Il aurait fallu que je m'assure que tout le monde se sentait bien. Je m'en suis voulu longtemps. Je n'avais pas réalisé qu'une fois la traversée terminée une autre aventure commençait.

Tu donnes l'impression que la traversée elle-même a été facile.

Non, non… [rires], c'était super difficile! Mais les difficultés étaient dans les détails. J'ai nourri mon angoisse dans les deux premiers mois et j'ai vu que ça ne donnait rien. Quand j'ai compris que tout était une question d'attitude, j'ai commencé à célébrer les belles affaires.

Mylène Paquette sera la coanimatrice, avec Francis Reddy, de la docuréalité *La grande traversée* qui sera diffusée sur différentes plateformes de Radio-Canada en 2017 pour souligner le cent cinquantième anniversaire du pays.

Guillaume Leblanc
Le moment où le rêve devient réalité

C'était le jour de son anniversaire. J'étais un peu mal à l'aise, car je ne me suis rendu compte que le matin de notre rendez-vous qu'il était né un 14 avril (en 1962, à Sept-Îles). Peut-être aurait-il eu envie de luncher avec des collègues ou avec sa famille? Il m'a dit de ne pas m'en faire, qu'il s'était fait un cadeau en acceptant l'invitation. Pour Guillaume Leblanc, revenir sur ses souvenirs d'athlète est un exercice qui lui procure du plaisir et ranime de grandes émotions.

Il commence à pratiquer la marche athlétique à l'âge de dix ans, participe à sa première compétition officielle aux Jeux du Québec à Rouyn-Noranda, en 1973. Il enchaîne ensuite les compétitions universitaires, nationales et internationales, dont trois Jeux olympiques, avant de prendre sa retraite après les jeux de Barcelone, en 1992. Il quitte l'Espagne avec, en poche, une médaille d'argent au 20 kilomètres. Belle façon de se retirer de la compétition. Quand je lui demande quelle récompense lui a fait le plus plaisir

pendant sa carrière, il ne me parle pas de sa médaille olympique, il me parle des biscuits de Noël de sa mère.

On ne gagne pas des médailles juste pour soi…

Guillaume a été fabriqué pour la marche athlétique : grande souplesse articulaire, mince et grand. L'idéal pour les sports d'endurance. Le mouvement de la marche lui vient donc naturellement. Ses frères aînés pratiquaient aussi ce sport. La marche est donc arrivée par la famille. Évidemment, quand il y a plusieurs athlètes dans une même maison, il peut être difficile de se démarquer.

Je ne me suis pas torturé. Il n'y a pas eu de dialogue intérieur intense pour trouver ma place. On souhaite toujours avoir sa place, mais ça n'a pas teinté ma démarche. Quand mon frère aîné a constaté que j'avais un talent naturel pour la marche, il m'a laissé tout l'espace. Déjà, à l'âge de cinq ans, à Sept-Îles, j'avais un esprit de compétition. J'ai toujours voulu gagner. C'est devenu plus intense quand j'ai commencé à participer à des compétitions officielles, vers l'âge de treize ans, mais le désir de gagner a toujours été là. Je bouillonne presque en permanence à l'intérieur.

Quand on veut atteindre les sommets dans sa discipline, il faut travailler fort. Tout le temps. As-tu une

approche particulière par rapport à l'entraînement, à l'effort, au travail, bref tout ce qu'on doit mettre à contribution pour gagner une médaille olympique ?

Ça va te paraître contradictoire ce que je vais te répondre, mais je pense que je suis un peu paresseux [permettez-moi d'en douter !]. J'ai vu beaucoup d'athlètes s'entraîner, en intensité ou en quantité, de façon démesurée. Prenons l'exemple de Marcel Jobin [champion canadien en marche athlétique entre 1969 et 1985]. À la marche, Marcel parcourait cent soixante kilomètres par semaine. Je l'admirais, mais ce n'était pas ma recette. En onze années de compétitions partout sur la planète, j'ai eu des conversations avec des dizaines d'athlètes et j'ai eu l'occasion de comparer ma méthode. J'ai découvert que je ressemblais au Mexicain Ernesto Canto, qui s'entraînait en parcourant de cent dix à cent vingt kilomètres par semaine. Les autres athlètes mexicains ne le trouvaient pas sérieux, mais moi, j'en ai fait mon modèle. L'idée, c'est d'accomplir ce qu'il faut en fonction de son profil. Je ne sentais pas qu'il fallait que je me transforme en *workaholic* ou que je me défonce.

Et quand tu voyais les autres se défoncer, tu ne craignais pas de ne pas en faire assez ?

Oui, ça m'a torturé. Je voyais les autres s'entraîner plus et j'ai essayé. J'ai vraiment essayé. J'ai dépassé mes limites.

Si on parle de mon poids, au début de l'entraînement, à moins de cent soixante livres [soixante-douze kilos et demi], ça devenait dangereux. Il fallait que je démarre l'entraînement à cent soixante et une, cent soixante-deux livres [soixante-treize kilos, soixante-treize kilos et demi] minimum. Si je maigrissais trop, je n'étais plus efficace. Il faut que tu apprennes à te connaître : ton poids minimum, la bonne distance à parcourir à l'entraînement, l'alimentation, etc. J'ai vraiment dû admettre que ma recette me convenait. Différentes recettes pour différents athlètes. Nos corps ne réagissent pas tous de la même façon. J'ai arrêté de me casser la tête avec ça.

La préparation mentale, ce n'est pas simple non plus et encore là il y a différentes recettes pour différents athlètes.

Là aussi, j'ai tâtonné avant de comprendre ce qui me convenait. En ce qui concerne l'approche, il faut que tu gardes ton intérêt pour l'entraînement. Tu as des moments de découragement, et c'est normal. La meilleure façon de garder l'intérêt, c'est la progression. Progresser de façon contrôlée. C'est toi qui es maître de ton scénario. Moi, je visais une performance à une date précise. Je ne suis pas un athlète qui vit des saisons de quatre-vingt-deux matchs. Moi, j'avais des compétitions à un an ou deux d'intervalle, à une date précise. Je voulais une fin hollywoodienne. Pour y arriver, il me fallait absolument progresser de façon stable.

Le joueur de hockey peut compter sur une vingtaine de coéquipiers pour l'encourager et des adversaires pour le stimuler. La marche, c'est un sport plutôt solitaire.

Oui, exact! Pas toujours facile de pousser la machine quand on est seul. Il faut se fixer des règles et les respecter. Tu établis une courbe d'entraînement et tu t'y tiens. Une courbe d'entraînement basée sur la progression. Toujours la progression.

As-tu eu des épisodes de découragement?

En 1991! J'ai connu une période où la machine ne voulait plus. Ça allait mal à l'entraînement. Je ne sais pas précisément pourquoi. Je me suis demandé si ce n'était pas la fin. Alors, j'ai parlé à des athlètes. Un cycliste de Sept-Îles, un boxeur et d'autres qui avaient aussi vécu des baisses de régime. Je leur ai demandé si j'allais le regretter si j'abandonnais à ce moment-là, ils m'ont tous répondu «oui». Ils m'ont conseillé de persévérer dans l'entraînement, même à soixante-dix pour cent d'intensité, et assuré que la flamme allait se rallumer. Ça a pris trois ou quatre mois, et c'est revenu.

À ce moment-là, on est à environ un an des jeux de Barcelone, en 1992. Est-ce que ça peut expliquer ta bonne performance aux Olympiques ? Comme une régression qui t'aurait propulsé vers l'avant ?

La réponse est « oui, absolument ! » Je pense qu'il faut descendre pour pouvoir se dépasser. Au cours de cette période-là, je suis allé au Championnat du monde d'athlétisme, à Tokyo, avec mon entraînement à soixante-dix pour cent. Je n'étais vraiment pas en forme. Incapable de suivre le peloton, j'ai été disqualifié. J'ai appelé ma femme, Manon, qui m'a demandé comment j'allais. Je lui ai expliqué que j'étais soulagé.

À ce moment-ci de la conversation, Guillaume a le souffle coupé par une bouffée d'émotions et ne peut plus parler pendant plusieurs secondes.

Un silence émotif…

… mais très assumé. Pourquoi c'est si émotif ?

[Profonde inspiration.] On est habité ! … donc, je suis à Tokyo. J'ai Manon au téléphone. Elle m'annonce : « Guillaume, je suis enceinte. » Je rentre au pays, heureux malgré ma contre-performance. Je reprends mon entraînement normal, disons à quatre-vingt-dix pour cent. Ça va mieux. Je remonte la pente. Sauf que Manon est de plus en plus fatiguée. On se rend à l'hôpital pour apprendre qu'elle a fait une fausse couche. Le médecin nous dit que ça va aller, que ce sont des choses qui arrivent, qu'on va pouvoir se reprendre. On a pris quelques jours pour se remettre de nos émotions, puis on s'est assis, on s'est regardés dans les yeux et on a refait le plan. On avait planifié la grossesse et mon entraîne-ment en fonction des jeux de Barcelone, fin juillet 1992. Avec un accouchement en avril ou mai, elle aurait pu m'accompagner à Barcelone, mais là, tout était bousillé. Il fallait revoir toute notre planification. Elle m'a dit : « On va faire un enfant, tu t'entraîneras pendant ma grossesse, puis advienne que pourra. » Finalement, je suis allé aux Olympiques sans elle. J'ai gagné ma médaille le 31 juillet, je suis revenu de Barcelone le 11 août et elle a accouché le 13. Tu vois, il y a eu du *up and down*. Les deux choses se sont faites en parallèle. Je suis fou d'ad-miration pour ma femme.

Une source d'inspiration ?

Elle est un modèle, au même titre que mon frère Pierre, mon coach et Pierre Harvey [cycliste et skieur de fond. Il a participé aux Jeux olympiques d'été de 1976 à Mont-réal et à ceux de 1984 à Los Angeles ainsi qu'aux Jeux olympiques d'hiver de 1988 à Calgary]. S'il n'y avait pas eu ces quatre-là, il n'y aurait pas de médaille. J'ai toujours eu besoin de cet accompagnement. La fausse couche de

Manon, la nouvelle grossesse et mon entraînement pour les jeux de Barcelone, c'est devenu un mouvement commun, une expérience d'équipe.

Les athlètes carburent aussi à la récompense. Elle peut prendre plusieurs formes. Une progression encourageante, une médaille, un record battu ou une somme d'argent. Ils ne se récompensent pas tous de la même manière.

Se retrouver parmi ses pairs, être reconnu par un champion olympique, pour moi, c'est le top. Être entouré par la famille aussi. Sentir que je ne suis pas seul. On ne gagne pas des médailles juste pour soi.

Maintenant que tu as du recul, est-ce que tu considères ta médaille d'argent à Barcelone comme le plus grand moment de ta carrière sportive ?

C'est sûr que c'est un événement majeur. Certainement dans mon top cinq. Mais un des moments les plus importants, sinon LE plus important, s'est produit à l'entraînement. Début janvier 1990, je suis allé m'entraîner en Bolivie, à quatre mille mètres d'altitude. Je m'étais fixé un objectif de trois heures de marche par sortie. C'est l'équivalent de six heures de marche au niveau de la mer. C'est *tough* ! La première fois, j'ai arrêté après deux heures vingt. La deuxième fois, au bout de deux heures cinquante, je me suis assis sur le bord de la route complètement vidé. Je n'avais plus rien. Mon coach est venu me ramasser pour me ramener à l'hôtel. Juste avant que je me couche, il me dit : « Si tu ne te sens pas mieux demain, on rentre au Canada. » Je me réveille dans la nuit avec une faim de loup. C'est un bon signe, considérant mon niveau d'épuisement. On est dans un hôtel ouvert juste pour nous au bord du lac Titicaca. Il n'y a rien autour. Pas de dépanneur, rien. Je suis en panique. J'ai BESOIN de manger. Je fouille dans mon sac à dos et je trouve un paquet de Noël que ma mère m'avait donné. Des gâteaux, des biscuits... Tu ne peux pas imaginer la joie. Là, mon imaginaire décolle. Ma chambre se remplit de monde. C'était comme si les gens étaient là pour de vrai. Je me revoyais enfant pendant les fêtes de famille. Au bout d'un moment, on se retrouve trois dans ma chambre. Ma mère, un inconnu et moi. Je suis dans un rêve éveillé. Au bout d'un moment, je comprends que l'inconnu, c'est le bon Dieu qui pose un regard bienveillant sur ma mère. Je ne suis pas particulièrement croyant, mais, cette nuit-là, j'ai vécu une expérience spirituelle. C'est le plus beau moment de ma carrière. Le lendemain, il n'était plus question de rentrer au Canada. J'étais en pleine forme.

J'insiste ! Une médaille d'argent aux Jeux olympiques, il faut que ça ait laissé un souvenir puissant. Ils sont très peu nombreux, les Québécois qui peuvent se vanter

d'avoir remporté une médaille olympique en athlétisme.

Il faut diviser une marche de vingt kilomètres en trois.
Le premier tiers te permet de faire un constat sur tes
chances. Au deuxième tiers, il peut se passer toutes
sortes de choses et au dernier, tu entres dans un tunnel
et tu donnes tout ce que tu as. *All out!* À la jonction des
deux premières étapes, environ au septième kilomètre,
je suis sorti de ma bulle. J'ai soudainement réalisé que je
vivais mon rêve. J'ai jeté un coup d'œil sur le caméraman
assis à l'arrière d'une moto à quelques mètres de moi,
j'entendais un hélicoptère et les acclamations de la foule.
On était à Barcelone et il y avait deux Catalans devant
moi, alors les gens le long du parcours faisaient beaucoup de bruit. J'ai senti que toute la planète regardait la
course. Je suis sorti de ma concentration pour vivre le
moment présent. Je me suis revu dans l'enfance, à
l'époque où je rêvais d'un moment comme celui-là en
regardant des livres olympiques. Et là, j'étais en train de
le vivre. C'était mon rendez-vous. Ça, c'est le plus beau
moment de ma carrière olympique.

Guillaume Leblanc est aujourd'hui consultant et travaille
dans le domaine des technologies de l'information. Il agit
comme gestionnaire de projet.

Louis Garneau

Le gagnant hyperactif

Oubliez le credo olympique. Pour Louis Garneau, l'important n'est pas de participer, mais bien de gagner. Une maxime qui s'applique aussi bien à la pratique du sport qu'à celle des affaires. Sans intérêt particulier pour l'école, il se découvre assez tôt un talent naturel pour les arts plastiques. Une passion qui va le garder vissé sur les bancs de classe jusqu'au diplôme universitaire. Parallèlement à ses études, il nourrit son autre passion : la course cycliste.

Le vélo a été la meilleure école de vie pour moi.

À sa première course en 1970, à l'âge de douze ans, il termine avant-dernier, mais devant un coureur plus grand et plus fort que lui. Il y voit une sorte de victoire. Si la croissance est lente, six ans plus tard son talent d'athlète explose. Il remporte à peu près toutes les courses juniors et devient champion du Québec. C'est le début d'une carrière sportive qui le mènera jusqu'aux

Jeux olympiques de 1984 à Los Angeles. Pourtant, de son propre aveu, il n'avait pas de talent particulier pour le sport quand il était enfant.

Je n'étais pas le sportif de l'école. Le grand blond qui gagne tout, ce n'était pas moi. J'étais petit et de nature réservée. J'ai appris avec le temps qu'il y a une recette pour gagner. Pour m'améliorer, il fallait absolument que je travaille fort à l'entraînement et que je fasse attention à mon mode de vie : me coucher tôt, ne pas manger de cochonneries, et ainsi de suite. Toutes sortes de petites choses qui contribuent à l'atteinte de l'objectif qu'on s'est fixé. Ce n'était pas vraiment dans la culture de mes parents, alors ça m'a pris un certain temps avant d'y arriver. Ce sont les entraîneurs qui nous enseignaient ça. On m'a appris à gagner ! Le gagnant, c'était celui qui travaillait le plus fort, celui qui était le plus persévérant, qui avait une vision, celui qui résistait le mieux au stress, celui qui était positif, et tout, et tout. Je n'avais rien de ça. Je me suis fabriqué moi-même avec le temps et l'effort. Un peu comme l'entrepreneur que je suis devenu. Je viens des arts plastiques. J'ai étudié l'histoire de l'art et la théorie des couleurs, la sculpture et la peinture. J'étais loin, au départ, quand je me suis lancé en affaires, d'être capable de lire un état financier. Bref, j'ai compris la recette assez vite et, à partir de 1976, ça a porté des fruits. L'équipe canadienne me prend en main. Je deviens champion canadien en poursuite individuelle au 4 000 mètres – je bats Steve Bauer sur la piste au dernier tour, j'aimerais ça que tu l'écrives en gros [rires] –, finalement, je gagne des courses au Canada, aux États-Unis, et je participe à des compétitions en Europe. C'est là que je me suis rendu compte que j'étais un naturel. Ça avait quand même demandé beaucoup de travail parce que cet athlète-là était caché et noyé dans l'artiste et le petit garçon qui aimait beaucoup être auprès de sa mère. J'aimais rester tranquille à Sainte-Foy, proche de la maison. Je n'aimais pas l'aventure. Le vélo a été la meilleure école de vie pour moi. Ça m'a permis, entre autres choses, d'accroître ma confiance en moi. Par petits succès, j'ai bâti mon mur brique par brique.

Il y a des athlètes qui gagnent des médailles, mettent fin à leur carrière sportive, se retirent à vingt-cinq ans et donnent des conférences. Pour Louis, le cyclisme n'était pas une fin en soi.

Moi, j'étais et je suis toujours un hyperactif. Quand je faisais du vélo, je m'entraînais trois heures par jour. Ce n'était pas assez. Il me restait du temps dans la journée. En 1980, je suis allé rencontrer le recteur de l'université pour m'inscrire en arts plastiques et c'est lui qui m'a conseillé de prendre mon temps, de continuer à m'entraîner en vue des sélections pour les jeux de Moscou et de revenir le voir en 1981.

Après les camps d'entraînement de Victoria, les quatre meilleurs routiers canadiens sont Louis Garneau, Pierre Harvey, Martin Cramaro et Steve Bauer. Les quatre hommes forment l'équipe qui représentera le pays aux Jeux olympiques de 1980, à Moscou. Mais, une fois de plus, la politique se mêle des jeux.

J'ai été extrêmement déçu par le boycott canadien. Il y a eu beaucoup de frustration. On se demandait pourquoi les hommes politiques se servaient de nous. Pourquoi ils prenaient les athlètes en otages. On avait déjà procédé à la sélection et là, il fallait recommencer tout le processus si on voulait remettre ça pour Los Angeles, en 1984. Mon grand *chum* Martin Cramaro a décidé d'arrêter le vélo. Il m'a dit : « Louis, je ne passerai pas tout ce temps de ma jeunesse à m'entraîner pour un autre rendez-vous olympique dans quatre ans. » Moi, ça m'a privé de la possibilité de participer à deux Jeux olympiques. Une fois, ce n'est pas assez. À tes premiers jeux, tu manques peut-être un peu de concentration. Il y a une pression énorme, tout est nouveau, tu regardes partout : le village des athlètes, les cérémonies, etc. J'ai plein d'amis qui ont abandonné après 1980, mais moi, j'ai réessayé. Je VOULAIS aller aux Jeux olympiques.

À partir de 1981, il a deux objectifs : les Olympiques de Los Angeles en 1984 et ses études en arts plastiques à

l'Université Laval. Dans les deux cas, il veut terminer premier.

Le vélo m'a rendu très compétitif. Dans tout ce que je fais, je veux être premier. Je n'étais pas comme ça avant l'âge de douze ans. On m'a programmé pour être compétitif. On m'a appris à gagner. On m'a fait goûter à la drogue de la victoire et ça a influencé le reste de ma vie au complet.

L'homme est hyperactif, ne l'oublions pas. En plus de l'entraînement et des études, il achète une maison, qu'il entreprend de rénover (il y vit toujours) et ouvre un atelier de menuiserie. Il engage un ami qui fabrique les meubles dans la journée. Louis prend la relève le soir, après ses cours. Il est en train de devenir entrepreneur sans tout à fait s'en rendre compte. C'est de cette façon qu'il paie ses études. En 1983, il demande à sa blonde, Monique Arseneault, de prendre la relève de la menuiserie pour lui permettre de s'entraîner à temps plein. Elle refuse par crainte des machines et parce que la menuiserie n'est pas son truc. Jamais à court d'idées, Louis lui propose autre chose.

Je lui ai dit : « O.K., on va faire des vêtements cyclistes à la place. » À un an des sélections olympiques, pendant mes études et les travaux de rénovation à la maison, je ferme la menuiserie et on se lance dans la confection de vêtements sportifs. On achète du chamois au Canadian Tire, du lycra au Bouclair, on défait un cuissard italien pour se faire un patron et on essaie d'assembler tout ça. C'est tout croche, mais c'est solide. Mes premiers clients sont les membres de l'équipe canadienne. J'apporte une vingtaine de cuissards à chaque voyage. Je rencontre les gars des différentes provinces pour leur montrer mes produits. Sur le marché, on trouve l'équivalent à plus ou moins quatre-vingts dollars. Moi, je le leur vends vingt-cinq dollars. Ça n'a pas été facile. Je n'étais pas encore une marque de commerce. Je n'avais aucune notoriété, à l'époque.

On comprend que Louis n'est pas entièrement concentré sur sa carrière d'athlète. Il ne peut s'empêcher de mener plusieurs projets en même temps.

Je voulais tout faire. Une chance que j'avais le talent. Je suis surpris d'avoir été sélectionné pour les jeux de Los Angeles. Surtout la dernière année, l'année olympique. Je démarrais une entreprise, en plus de rénover une maison et de préparer le mariage avec ma blonde. Je m'entraînais la nuit. Dans le fond, j'étais en train de préparer ma vie. Et là, je reçois une bourse de mérite pour aller étudier à l'école des beaux-arts de Boston. J'ai dit à ma blonde : « On va prendre une décision après les jeux. Ou je vais étudier à Boston, ou je passe professionnel, ou on continue la petite entreprise. » Monique était infirmière, on pouvait vivre avec son salaire jusqu'à ce que les choses démarrent pour de vrai.

À la mi-août 1984, les jeux de Los Angeles sont terminés. Louis a fait une chute et s'est classé trente-troisième à l'épreuve de course en ligne de cyclisme sur route. (Son ami Steve Bauer a pris la deuxième place et la médaille d'argent.) Le temps des décisions est arrivé.

Je me suis marié avant de décider quoi que ce soit. On est entrés dans notre maison de ferme avec deux mille dollars en banque. On se disait qu'avec le salaire d'infirmière de ma femme et la vente de cinq ou six cuissards par semaine, on survivrait. Rapidement, on a commencé à avoir beaucoup de commandes. On était le premier manufacturier officiel de vêtements cyclistes qui distribuait au Canada. Parmi les premiers aux États-Unis aussi. Ce même automne, j'annonce en conférence de presse que je prends ma retraite et je dis à ma femme que toute l'énergie que j'avais mise dans le cyclisme, j'allais la mettre dans l'entrepreneuriat. Je n'ai pas eu le temps de vivre un *down* d'après carrière sportive. Les choses ont démarré très vite. J'étais le premier à fabriquer des vêtements cyclistes au Canada et le premier à les imprimer. Un peu plus tard, le premier à faire des casques. L'entreprise a vite pris de l'expansion. J'ai fait de la performance d'affaires en respectant les règles et les principes du sport. J'étais concentré, discipliné, stratégique, capable de résister au stress, de travailler en équipe, et j'avais la volonté de ne jamais abandonner. C'est pour ça que l'équipe canadienne me prenait en premier pour les sélections des championnats du monde. Elle savait que je n'allais jamais abandonner. J'allais toujours au maximum.

Est-ce que tu regrettes de ne pas être passé chez les professionnels ?

J'aurais aimé en faire plus, mais j'ai choisi de poursuivre une carrière d'homme d'affaires. Aujourd'hui, quand je fais le bilan, je suis très heureux de mes choix. J'ai foncé dans la compétition et le dépassement à l'âge de douze ans, alors que j'ai des amis qui commencent à s'entraîner pour des compétitions Ironman à cinquante ans. J'ai savouré ma carrière sportive. J'ai vraiment eu du *fun*, mais le sport ne me comblait pas entièrement. Ce n'était pas assez pour moi.

Finalement, on pourrait dire que c'est l'homme d'affaires qui a pris le dessus.

Sylvie Bernier disait : « Quand t'es olympien, c'est pour la vie. » Je porte la bague des Olympiques. Je suis fier d'être olympien. À cette époque, je ne réalisais pas vraiment que j'étais un athlète. J'étais dans un système depuis un tout jeune âge. S'entraîner, se préparer pour gagner, c'était normal. Je n'avais pas connu autre chose. J'ai pris conscience plus tard de ce que ça représentait d'avoir participé aux Jeux olympiques. À cinquante ans, je me suis fait tatouer les anneaux olympiques sur le bras. Je ne peux pas dire s'il y a plus de mérite à réussir en affaires que dans le sport. Je trouve ça aussi dur d'être un homme d'affaires performant que d'être un athlète d'élite. Puis, tu sais, être athlète olympique, ça ne dure pas long-temps. C'est une affaire de jeune. Sauf qu'aujourd'hui je vis encore pour la performance. Je suis programmé comme ça.

Et les échecs dans tout ça ? On dirait que tu n'as eu que du succès dans la vie.

Attends ! J'ai gagné cent cinquante courses dans ma vie, mais j'en ai perdu peut-être cinq cents. J'ai raté plein d'épreuves de qualification. Je ne suis pas médaillé olympique comme Sylvie Bernier. Je me suis senti cou-pable de ne pas avoir fait mieux. Les Olympiques, c'est une journée. Une course de deux cents kilomètres. C'est *tough*. Si tu n'as pas une bonne journée, le prochain rendez-vous est dans quatre ans. Après mes mauvais résultats aux jeux, je me suis haï pendant un an. Je me suis trouvé pas bon. Souvent, des athlètes font des dépressions. C'est ma business qui m'a sauvé. J'étais tellement occupé. Et en plus, je restais en lien avec le sport cycliste. J'ai eu des échecs en affaires aussi. J'ai passé près de la faillite deux fois. J'ai manqué d'argent, j'ai eu des mauvaises expériences en Europe, et quoi encore. J'ai eu des moments d'angoisse terribles. Je n'ai pas lâché, par contre. Je me suis relevé. Je vis dans une course perpétuelle.

À cinquante-huit ans, avec une carrière sportive enviable derrière lui et une entreprise qui emploie cinq cents personnes dans trois pays, qu'est-ce qui fait encore courir Louis Garneau ?

J'ai besoin d'exploiter jusqu'au bout mes talents physiques et intellectuels. J'ai besoin d'aller au maximum de mes capacités. Je veux voir où sont mes limites. Je l'ai fait pour le sport. Maintenant, on va voir jusqu'où peut aller l'entreprise. Je poursuis aussi une carrière artistique. Je ne peux pas me séparer de l'art. Je suis fait en trois morceaux : un athlète, un homme d'affaires et un artiste. Et il faut que je gagne dans tout.

Est-ce qu'il y a un prix à payer pour cette rage de vaincre ?

[Long silence.] C'est une maudite bonne question ! C'est un mode de vie, pour moi. C'est comme si tu me demandais d'expliquer ma vie. J'ai donné ma vie à mes passions et à la performance. Quand t'aimes ça, il n'y a pas de prix. C'est un plaisir extraordinaire.

Louis est toujours hyperactif. Il dirige son entreprise Louis Garneau Sports, présente dans trois pays, et mène en parallèle ses activités artistiques. Au printemps 2016, il fonde l'atelier d'art en milieu de travail Art Factory où il peint et vend ses tableaux. Tous les profits sont destinés à des œuvres de charité.

Stanley Vollant

Le résilient, dit le « Shipeneu »

Le Dr Stanley Vollant est le premier médecin-chirur-gien autochtone de l'histoire du Québec. Originaire de la réserve de Pessamit, sur la Côte-Nord, à une cin-quantaine de kilomètres de Baie-Comeau, Stanley aurait pu facilement sombrer dans la délinquance.

L'activité physique m'a sauvé la vie…

Fils d'un père absent et d'une mère peu outillée pour élever un enfant, il sera pris en charge vers l'âge de cinq ans par ses grands-parents. Stanley, de son propre aveu, est un peu un anachronisme chez les autoch-tones. Les jeunes de sa génération vivaient avec leurs parents ou étaient envoyés au pensionnat, alors que lui a grandi auprès de ses grands-parents de façon tradi-tionnelle. Il a vécu une partie de son enfance dans la forêt – comme on le faisait dans les années 1920 –, selon des valeurs chères à son grand-père. *Travaille fort, accepte la souffrance et tu vas aller loin.* Voilà les

motivations qui vont le guider dans son parcours scolaire et professionnel. Le dépassement de soi semble
inscrit dans l'ADN de la culture innue.

L'idée, c'est d'aller au-delà de sa zone de confort dans
tous les domaines, qu'ils soient spirituel, psychologique,
physique ou mental. C'est ce qu'on appelle la roue médi-
cinale. La santé globale d'un individu est basée sur ces
quatre piliers. Dans le modèle amérindien (holistique),
il faut toujours aller un peu plus loin dans tous ces
aspects. Si on déséquilibre un des piliers, la roue ne
tourne pas adéquatement et ça crée de la maladie. D'où
l'importance de maintenir l'équilibre de la roue médici-
nale en faisant des efforts continus pour se dépasser
dans tous les domaines. Et, j'y tiens, ce n'est pas que physique. Même pour un athlète d'élite qui participe aux
Olympiques, on ne peut pas négliger les aspects mental,
psychologique et spirituel. Pour s'entraîner et se dépasser comme ils le font, il faut qu'il y ait une dimension
spirituelle.

**Le dépassement de soi passerait donc par l'augmenta-
tion de ses propres capacités de façon globale. Ce qui
soulève la question de l'inné et de l'acquis. Est-ce que
certains individus seraient portés plus naturellement à
se dépasser alors que d'autres devraient y travailler
plus fort ?**

Il y a des deux, je pense. De l'inné, bien sûr, mais aussi des aptitudes qui sont acquises par la transmission des valeurs des parents ou de l'entourage. En ce qui me concerne, j'ai été élevé par mes grands-parents. Mon grand-père n'était pas un athlète, mais c'était un « gars de bois » : trappeur, chasseur, pêcheur. Dans sa philosophie de vie, il fallait toujours donner le maximum. Quand on faisait un portage dans le bois, il n'était pas question de s'asseoir avant d'avoir fini notre tâche. Il faut aussi accepter et apprivoiser la souffrance. En innu, on a une expression pour ça. On dit des gars de bois qu'ils sont *shipeneu*, c'est-à-dire résilients. Donc, ils ont la capacité de supporter la douleur, le froid, la faim et les tourments psychologiques. C'est une notion que les chasseurs se transmettent de génération en génération. Si tu ne te dépasses pas, tu meurs. Le dépassement est une question de survie. Autrefois, un chasseur qui n'avait pas suffisamment d'endurance ne pouvait pas survivre. Ça prenait des gens qui pouvaient prendre beaucoup de calories en peu de temps pour faire des réserves. Ensuite, passer plusieurs jours sans manger, parcourir de longues distances dans le bois, supporter les intempéries, l'hiver, l'été. Ceux qui ne pouvaient pas se rendre jusqu'au territoire de chasse, qui ne pouvaient pas tuer, ils allaient finir par mourir de faim. Donc, ce sont les plus forts qui survivaient et qui transmettaient leurs gènes de génération en génération. Je pense qu'il s'est fait une sélection naturelle.

On peut croire que les athlètes d'aujourd'hui ont conscience de l'importance de se dépasser dans tous les domaines et aussi d'accepter la souffrance pour atteindre leurs objectifs. Ce sont des notions qui sont entrées dans les mœurs, mais qu'on nomme différemment.

Oui, c'est la même dynamique. Le gars de bois doit se rendre du point A au point B en faisant du portage avec tout ce que ça implique d'effort. L'athlète, lui, doit progresser pour atteindre un niveau toujours plus élevé. La souffrance est semblable, mais les mots sont différents. Les motivations ne sont pas tout à fait les mêmes, mais la souffrance fait partie du processus dans les deux cas. Ça fait mal. Et puis faut que tu te lèves de bonne heure [rires] ! Tu vas devoir faire des sacrifices. Manger moins de cochonneries, voir moins tes amis, t'adapter à un régime d'entraînement strict. Tout ça au service d'un objectif de performance.

Parallèlement à ses activités scolaires (secondaire et postsecondaire dans la région de Québec, études de médecine et spécialisation en chirurgie générale à l'Université de Montréal), Stanley pratique la course à pied. Il a aujourd'hui autour de vingt-cinq marathons au compteur et on ne parle pas des nombreuses courses de dix et de vingt kilomètres.

Je le faisais pour le plaisir. Quand j'étais adolescent, mon
entraîneur de football trouvait que je manquais d'endurance, que je faiblissais au quatrième quart. Il m'a
conseillé de faire de la course de fond pour développer
mon endurance. J'ai commencé par des courses de trois
mille et de cinq mille mètres et j'y ai pris goût. Puis, j'ai
commencé à faire du dix mille mètres et j'adorais ça. J'ai
participé à mon premier marathon, celui de Québec, en
2004. À partir de là, j'en ai fait trois ou quatre par année
pendant plusieurs années. J'ai réalisé de bonnes performances. Entre trois heures vingt et trois heures quarante. L'endurance est une force chez les autochtones.
Faire des portages pendant des jours et des jours, ça
développe le « gène de l'endurance ». Il y a beaucoup de
jeunes autochtones qui sont de très bons marathoniens.
Le premier champion canadien de marathon, Tom
Longboat, était un autochtone. Il a gagné le célèbre marathon de Boston en 1907. Pour moi, ça a toujours été une
inspiration de savoir que les autochtones avaient un
talent pour la course de fond. Ça travaille beaucoup la
résilience, courir un marathon. Tu te remets en question. Tu souffres. Surtout entre les trente-deuxième et
trente-sixième kilomètres, quand tu frappes le « mur ».
Mais tu te sens tellement bien quand tu l'as terminé.
Puis, la course de fond me permet de méditer, de travailler sur mon anxiété, d'entretenir mon bien-être. Une fois
la course terminée, j'en retire un bienfait extraordinaire.

Sur le dépassement de soi, on ne se dit pas, à l'enfance ou à l'adolescence : « Je vais dépasser les limites de mes capacités. » On ne commence pas à faire de la course d'endurance en se disant : « Je veux améliorer ma résilience ». Certains individus sont tirés par un élan naturel vers le sport et l'activité physique. Plus tard, peut-être, quand on fait des bilans, on commence à mettre des mots et à évoquer des théories sur nos motivations plus profondes. Mais au départ, on se lance. Tout simplement.

C'est vrai. On est comme on est. Je ne me suis pas dit, il y a quarante ans : « Je vais faire de l'activité physique pour devenir plus résilient ou meilleur à l'école. » Évidemment, on subit des influences de notre milieu. Mes grands-parents ne sont pas étrangers au fait que j'ai décidé de courir des marathons. C'est aussi vrai de mes performances scolaires. L'idée, encore une fois, c'était de me dépasser. Le sport m'a permis aussi de ne pas tomber dans les pièges de la délinquance. Quatre-vingt-dix pour cent de mes amis, quand j'étais adolescent, sont devenus délinquants, toxicomanes, ou autre. Et parmi eux, il y a un taux de décrochage scolaire extrêmement élevé. Près de la moitié. Un problème social très présent dans les communautés des Premières Nations. Dans la population en général, chez les non-autochtones, le taux de décrochage est aussi très élevé chez les jeunes garçons. Je pense que ça tourne autour de vingt pour cent. Mais c'est beaucoup plus bas parmi les jeunes qui sont inscrits à des programmes sport-études. Il faut absolument appliquer aux études les enseignements du sport.

Par exemple ?

Toujours fournir un effort supplémentaire, être rigoureux, discipliné, etc. Avant de commencer à faire du sport, je n'étais pas aussi discipliné que je le suis devenu par la suite. La rigueur de l'entraînement pour le football et le hockey, entre autres choses : se lever à des heures précises, penser à l'équipe plus qu'à l'individu. J'ai transposé ces enseignements-là à ma vie personnelle et scolaire. Ils sont nombreux, ceux qui me disent que, grâce aux sports organisés, ils ont réussi à aller plus loin.

En octobre 2010, le Dr Vollant conçoit et organise le Innu Meshkenu (le « chemin innu » ou « chemin des humains »), une marche de six mille kilomètres échelonnée sur cinq ans qui lui permettra de visiter l'ensemble des communautés des Premières Nations entre le Labrador et le sud du Québec, et aussi quelques-unes en Ontario et au Nouveau-Brunswick. À chaque étape, dans chaque communauté visitée, il rencontre des jeunes pour les encourager à avoir des rêves, à travailler fort pour y arriver, et les sensibiliser à l'importance de l'éducation et de saines habitudes de vie.

J'ai eu l'idée de ce projet en 2008 alors que je marchais sur les chemins de Compostelle. Il n'est pas nécessaire d'en faire une quête religieuse. La marche est aussi une occasion d'être en quête de soi-même. Une marche de longue durée te pousse inévitablement à penser à toi, à te remettre en question au fil de ces longues heures de marche. Quand tu parcours des centaines de kilomètres, le processus devient spirituel, où que tu sois. Compostelle, ce n'est qu'une excuse pour marcher. Le but n'est pas important, c'est le processus qui compte. Quand je cours un marathon, je n'ai pas le temps de me remettre en question. Je pense à mon rythme cardiaque, à ma foulée, où j'en suis, au moment où je boirai. Je fais toutes sortes de calculs, je regarde ma montre, et différentes choses encore. Trois heures et demie, ça passe vite. Par contre, quand tu marches entre cinq et six kilomètres à l'heure pendant huit à neuf heures chaque jour, là, tu as le temps de réfléchir et de t'observer.

On a parlé d'effort, de résilience et de souffrance. J'aimerais t'entendre sur l'importance du plaisir quand on pratique un sport d'endurance de façon soutenue.

C'est très important. Quand tu tombes dans ta zone, dans le deuxième souffle. Le sentiment de bien-être engendré par les endorphines. On contrôle mieux son appétit. On dort mieux. Le dépassement de soi sur le plan physique, c'est pour moi une drogue essentielle.

Quand j'en manque, je me sens légèrement déprimé et mon cycle de sommeil est perturbé. Si les gens qui ne font pas de sport savaient à quel point on se sent bien. Et ça peut aller beaucoup plus loin…

En 2007, Stanley connaît une série d'échecs importants. À la suite d'un deuxième divorce, il se fait retirer la garde de son fils Xavier (deux ans à l'époque) et sa première femme lui interdit de voir ses deux filles qui vivent à Baie-Comeau. Ajoutons des problèmes d'argent et la pression quotidienne de la vie de médecin-chirurgien. La dépression s'installe. D'humeur sombre et fataliste, ne sachant pas comment se relever, il décide de mettre fin à ses jours. Dans le sous-sol de sa maison de Boucherville, il prend l'arme de calibre 12 de son grand-père et la pointe vers son front pendant de longues minutes. Apercevant du coin de l'œil les photos de ses deux filles souriantes sur son téléphone, il dépose l'arme. Il faut continuer à vivre pour elles.

Ça m'a pris trois ou quatre ans à m'en remettre. J'étais trop déchiré. J'avais vraiment le sentiment que j'allais craquer en deux. Il a fallu que je me recentre sur ce que je devais être. Je me suis relevé grâce à la marche – les chemins de Compostelle –, entre autres. J'ai aussi commencé à courir comme un dément. Je pense que ma meilleure performance au marathon (3 h 14), c'est à cette période-là. La course permet de mettre de l'ordre dans ses pensées. L'activité physique m'a sauvé la vie. Je ne suis pas seul dans cette situation. Quand j'en ai parlé publiquement, j'ai reçu des témoignages de gens qui m'ont dit que la course les avait sauvés du suicide, eux aussi. Pas besoin d'aller aussi loin dans la détresse. Le meilleur remède pour soulager ses angoisses, c'est de chausser ses espadrilles et d'aller courir.

Stanley Vollant est chirurgien général au Centre intégré universitaire de santé et de services sociaux (CIUSSS) du Saguenay–Lac-Saint-Jean, hôpital de Dolbeau-Mistassini. Il est l'instigateur du projet Innu Meshkenu, qui l'amènera à parcourir, à la marche, six mille kilomètres à travers le Québec, le Labrador et l'Ontario dans le but d'inspirer les jeunes et de les encourager à persévérer dans la quête de leur rêve.

Paul Ohl

La force du corps et du caractère

Paul Ohl poursuit pendant presque trois décennies une carrière dans la fonction publique québécoise, occupant différents postes associés à la pratique et à la promotion du sport. À partir de 1975, parallèlement à ses activités professionnelles, le fonctionnaire se met à l'écriture. À ce jour, il a publié une quinzaine de livres. Des essais sur le sport, des romans historiques et la biographie de Louis Cyr, portée à l'écran, avec Antoine Bertrand dans le rôle du célèbre homme fort.

Le dépassement est fait d'orgueil et d'insouciance. Il y a une nécessité viscérale d'aller jusqu'au bout.

Ce qui frappe, quand on rencontre Paul Ohl pour la première fois, c'est son gabarit. Costaud, le monsieur. Épaules carrées et traits du visage sculptés dans la pierre. À soixante-seize ans, l'écrivain continue de s'entraîner six jours par semaine. Un régime amorcé à l'âge de onze ans par crainte de se faire intimider dans la cour d'école, mais aussi par admiration pour le champion boxeur français Marcel Cerdan (champion du monde des poids moyens, 1948-1949) et pour le cycliste italien Fausto Coppi (vainqueur du Tour de France en 1949 et en 1952). Les deux légendes marquent pour toujours l'imaginaire de Paul Ohl, mais, étonnamment, c'est la lecture de la série *Tarzan* d'Edgar Rice Burroughs qui va fixer son envie de se développer physiquement comme ses héros sportifs.

Mais le premier vrai déclencheur, c'est moi, l'immigrant, qui arrive au Québec sans aucun repère et qui cherche à s'intégrer. Ma grande chance aura été de me faire écœurer tous les jours dans la cour d'école. Un matin, j'ai décidé que ça suffisait. Le premier que j'ai étampé, c'était à Saint-Bruno. Le deuxième, à Sainte-Madeleine. Dans les deux cas, nous avons dû quitter le village. À chaque fois, le maire et le curé de l'endroit sont venus voir mes parents pour leur dire : « Votre gars, on n'en veut pas ici. C'est un violent. » Je m'étais rendu compte que j'avais une gauche incroyable. Elle sortait de nulle part. Avant même de réaliser ce qui arrivait, le gars était à terre. Puis il y a eu un autre déclencheur. À Belœil, en 1955, le dimanche, je servais la messe. Il y avait une pièce dans le sous-sol où se trouvaient des barres et des poids. J'ai mis la main sur la barre une première fois et j'étais accro pour la vie.

N'y a-t-il pas quelque chose de profondément narcissique lié à la pratique du culturisme ?

Oui, tout à fait. C'est plus qu'une recherche de perfection. La force physique est liée à l'image qu'on se fait de soi. Je pense qu'il manque quelques tarauds dans le crâne de la plupart des culturistes. Et je m'inclus dans le lot. Ce n'est pas une question de mise en forme. Les gens qui ne font que ça se renvoient une image gratifiante. Ce qu'ils voient dans le miroir augmente artificiellement leur estime de soi. Ça reste un plaisir solitaire, un genre de dérangement. Le culturiste veut montrer ce qu'il a accompli et porte à cette fin des vêtements moulants ou arbore un bronzage artificiel. C'est une obsession et une forme de dérapage. Remarque bien que les adeptes des sports extrêmes sont un peu fêlés, eux aussi [rires].

Est-ce que c'est une forme de dépassement de soi ?

Je ne suis pas sûr d'avoir la réponse. Il est possible que ce soit un mythe, le dépassement de soi, dans la mesure où certaines personnes remplissent toutes les conditions de l'équation naturellement : un talent inné, une machine qui te rentre dans un système et qui te permet d'exploiter ce talent. Prends le patineur de vitesse Gaétan Boucher. Aujourd'hui, on forme les patineurs sur des pistes intérieures où il n'y a pas de vent. Gaétan Boucher, lui, s'est développé sur une glace naturelle, à l'extérieur, où il s'entraînait trois mois par année. Le reste du temps, il faisait du vélo pour s'entretenir. Puis, aux jeux de Sarajevo, en 1984, contre toute attente, il bat le favori Khlebnikov au 1 000 mètres et au 1 500 mètres et remporte même une médaille de bronze au 500 mètres, alors qu'il n'était pas constitué pour ça. Il n'avait pas l'explosion pour cette distance. Tout ça sur une glace ordinaire. Il pleuvait, à Sarajevo. On ne l'attendait pas et pourtant… Gaétan Boucher est un naturel. Alors, si on se fonde là-dessus, le dépassement est fait d'orgueil et d'insouciance. Il y a une nécessité viscérale d'aller jusqu'au bout.

Le dépassement de soi reste une notion difficile à circonscrire. Aux yeux de l'écrivain, il n'y a pas d'objectif réel de dépassement chez les athlètes. Essentiellement, il y a des athlètes qui sont fabriqués pour la haute performance et d'autres dont le talent se perd dans le brouillard du dopage.

J'adhérerai à une thèse du dépassement volontaire absolu quand l'athlète dira : « Il faut que je me dépasse totalement pour atteindre le but. » « Dépassement » au sens théorique de la langue française, ça veut dire aller vers l'inaccessible. Or, neuf fois sur dix, ce qu'on voit est accessible. Emil Zátopek [Tchécoslovaque triple médaillé d'or au 5 000 mètres, au 10 000 mètres et au marathon des jeux d'Helsinki, en 1952] disait que, toute sa vie, il avait été aux prises avec le mythe de la souffrance de l'athlète. En entrevue, à la fin de sa vie, il affirmait n'avoir jamais souffert outre mesure pendant les courses. Il ne s'est jamais demandé s'il terminerait le marathon. Pour lui, ceux qui tombent d'épuisement avant la fin, c'est parce qu'ils ne sont pas prêts. Un autre exemple : le temps de 9 secondes 55 pour le sprint de 100 mètres est accessible. Usain Bolt s'en est approché aux Championnats du monde 2009, à Berlin. Quand tu le regardes courir, il ne donne pas l'impression d'avoir bûché toute sa vie. Il n'a pas souffert tant que ça pour y arriver. À la limite, il ralentit en fin de course pour pouvoir battre le record, mais il se garde une marge de manœuvre pour le battre à nouveau un peu plus tard. Tout ça se relativise parce que le sport est devenu une créature économique. Aujourd'hui, je ne peux plus vibrer à rien.

Quand on sait la place prépondérante que la pratique et le spectacle du sport ont occupée tout au long de sa vie, on se demande si Paul Ohl est encore capable d'être ému par de grandes performances. Si je me fie aux quelques moments de notre conversation au cours desquels il a parlé de certains athlètes, je ne m'inquiète pas trop quant à sa capacité, toujours intacte, à s'émerveiller, malgré son attitude plutôt cynique.

Sur Guy Lafleur

J'ai tellement vibré le soir où j'ai vu Guy Lafleur avec les Remparts de Québec. Il ne restait que deux matchs à la saison et il avait déjà compté quatre-vingt-treize buts. À l'avant-dernier match, contre les Castors de Sherbrooke, il marque sept buts ! Et au dernier match de la saison, il en marque trois autres. Lafleur arrivait une heure avant l'ouverture des portes du Colisée de Québec, s'asseyait dans les gradins et regardait la glace pendant quarante-cinq minutes. Il faisait de l'imagerie mentale. Il se voyait en train de se faire mettre en échec, derrière le but, amenant la rondelle vers l'avant. Il se donnait entièrement.

Sur Bruce Jenner (aujourd'hui Caitlyn Jenner), médaillé d'or au décathlon aux Jeux olympiques de 1976, à Montréal

D'abord aux jeux de Munich, en 1972, il était favori, mais avait terminé dixième. C'est le Russe Mykola Avilov qui avait remporté l'or. Jenner était allé le voir après les compétitions pour lui dire : « *I'll see you in four years in Montreal.* » Pendant les quatre années suivantes, il couche avec son équipement avec un seul objectif en tête : l'or à Montréal. Il va atteindre son objectif de brillante façon. Nouveau record du monde de la discipline et cinq records personnels dans la compétition.

Sur Eric Heiden (cinq médailles d'or en patinage de vitesse aux Jeux olympiques de 1980, à Lake Placid)
Eric Heiden me fascine. Il enlève les cinq médailles dans les cinq épreuves au programme. Personne, de tous les spécialistes, ne pensait qu'il pourrait gagner au 10 000 mètres. Quand tu remportes, le 500, le 1 000 et le 1 500 mètres, t'as pas d'affaire au 5 000 ni au 10 000 mètres. Les patineurs de vitesse de 10 000 sont tous plus grands et plus lourds que Heiden. Ce n'est pas le même gabarit. Il y a quelque chose d'absolument exceptionnel dans les exploits de Heiden à Lake Placid.

Paul Ohl a publié, en 2005, la biographie de Louis Cyr, adaptée au grand écran en 2013. Entre 2007 et 2013, il a parcouru l'Amérique centrale et Cuba en vue de préparer son plus récent roman historique, *Les fantômes de la Sierra Maestra*, inspiré de la révolution cubaine. Ce roman, publié en 2014, était sa quinzième œuvre, célébrant la quarantième année de vie littéraire de l'auteur.

Sylvie Fréchette

La battante

On se souvient encore de l'histoire. Quelques jours avant les jeux de Barcelone, en 1992, le conjoint de Sylvie Fréchette s'enlève la vie. Déjà éprouvée par le décès de son grand-père quelques mois plus tôt, elle se rendra tout de même en Espagne, pour aller au bout de son rêve olympique. Mais le mauvais sort s'acharne. Après une performance exceptionnelle, une juge inscrit par inadvertance un pointage 8,7 plutôt que 9,7, ce qui prive l'athlète de sa médaille d'or. Il faudra presque dix-huit mois de démarches auprès du Comité international olympique pour que l'erreur soit corrigée. On lui remettra finalement la médaille d'or en décembre 1993, à Montréal.

À Barcelone, j'ai nagé ma vie. C'est tout ce qui me restait pour me sentir vivante.

Sylvie a toujours été un peu à part des autres. Timide et plus grande que les filles de son âge, elle jouait seule dans la ruelle derrière chez elle ou chez ses grands-parents à la campagne, où elle taquinait les grenouilles et les crapauds. Élevée par sa mère – son père est décédé quand elle avait trois ans –, dans un milieu très modeste, elle dit n'avoir manqué de rien. À l'âge de sept ans, à la piscine Rosemont pour des cours de natation, elle remarque les grandes filles qui semblaient danser dans l'eau.

Je ne comprenais pas parce qu'elles étaient dans l'eau bleu foncé. C'est comme ça que j'appelais la partie profonde de la piscine. Ça m'intriguait. Ça semblait impossible. Je me demandais comment elles réussissaient à se tenir en suspension. Je les trouvais magnifiques. J'ai mis des lunettes de natation pour aller voir comment elles faisaient et j'ai découvert un monde. Elles exécutaient des ronds avec les jambes pour se maintenir à la surface de l'eau. Quand j'ai appris qu'on recrutait des filles pour un spectacle, je n'ai pas hésité une seconde. Je voulais apprendre à faire ça. En plus, on portait un maillot rose, du maquillage qui ne coule pas dans l'eau, il y avait des spots. C'était très excitant. J'étais timide, mais de me retrouver là avec d'autres filles, ça me permettait de vivre quelque chose que je ne vivrais jamais toute seule ou à l'école, où j'avais tendance à me tenir à l'écart. J'adorais ça. L'organisatrice du spectacle, Julie Sauvé, voulait monter une petite équipe. Quand elle m'a vue arriver avec mes longues pattes jusqu'en dessous des bras et mes grands yeux bleus, moi qui étais curieuse et qui voulais tout savoir, elle a deviné du potentiel.

Sylvie se découvre une passion irrésistible. À sept ans, elle se rend à la piscine, seule, trois fois par semaine. Elle parcourt la dizaine de rues qui sépare son domicile de la piscine en portant sur ses épaules le gros sac à couches de son jeune frère dans lequel elle mettait ses effets personnels. La jeune fille réservée n'avait pas choisi une discipline sportive auréolée de prestige. Au contraire, la nage synchronisée était la plupart du temps un sujet de moquerie.

Les gens disaient que ce n'était pas un sport. Ils nous comparaient, à cause du look, à des tenancières de bordel. On parlait de nage ornementale, à l'époque. Il y a encore des préjugés aujourd'hui, mais les perceptions ont quand même changé. Certains journalistes savent très bien à quel point c'est un sport exigeant. Quand j'ai commencé, en 1974, on faisait encore des comparaisons avec Esther Williams et ses films de ballet aquatique. Je ne disais pas que j'en faisais. De toute façon, j'ai toujours été *reject*. Dès mes premières compétitions, à l'âge de sept ans, on me soupçonnait de tricher parce que j'étais plus grande et avais l'air plus vieille que les autres. On exigeait que j'apporte mon baptistaire. Ça ne me dérangeait pas. J'étais naïve. Je pense que ça m'a sauvée.

Sylvie est déterminée et elle a du talent. On lui recommande de se joindre à un club d'élite. Elle s'inscrit au Club Aquatique Montréal Olympique (CAMO) et son régime d'entraînement passe de six à quinze heures par semaine.

J'avais neuf ans ! C'était tous les jours de quatre heures et demie à sept heures et demie. Encore une fois, je m'y rendais seule. Ma mère devait s'occuper de mon frère, qui avait quatre ans. Je passais chez moi prendre une collation, ensuite je marchais sur une distance de cinq ou six rues jusqu'à l'autobus avec le sac à couches sur le dos. Même chose au retour. J'ai appris à faire mes devoirs dans l'autobus. C'est là que ça se passait. Je rentrais à la maison après l'entraînement, je soupais et je me couchais pas longtemps après. Le lendemain, je recommençais.

Ça me paraît beaucoup pour une enfant de cet âge.

Ben non ! J'adorais ça. C'étaient mes amies, à la piscine, et je les voyais tous les jours. J'avais choisi ma gang. Je ne m'étais pas laissé choisir. On partageait les mêmes valeurs. Je n'avais pas besoin de me faire accepter. Ça allait de soi. On était une gang de folles qui faisaient quelque chose que personne ne connaissait. On innovait avec une coach exubérante, délirante. Elle déplaçait des montagnes pour nous. On se sentait cool et in alors qu'on pratiquait un sport de *reject*. On se sentait comme un million de dollars ! Et il faut que tu comprennes qu'à cette époque-là je n'avais pas de rêve olympique parce que ça n'existait pas. La nage synchronisée fait son entrée aux jeux en 1984. De sept à dix-sept ans, je me suis entraînée jusqu'à 45 heures par semaine parce que j'aimais ça. Je l'ai fait pour le pur plaisir du sport.

Sylvie avait trouvé une source de plaisir et de bonheur dans une famille qui ne croulait pas sous les millions, loin de là. Installée dans un duplex au-dessus de chez ses grands-parents, sa mère élevait ses enfants avec les prestations du gouvernement.

Ma chambre ouvrait sur un balcon où je n'avais pas le droit d'aller. L'hiver, j'avais hâte que la glace prenne pour que l'air ne passe plus par les cadres de fenêtre. Sous la fenêtre de ma chambre, ma mère avait mis les dictionnaires et les livres de cuisine contre le mur pour faire tenir le plâtre. C'est beaucoup plus tard que j'ai pris conscience de la situation, mais, dans ce temps-là, je ne manquais de rien. J'ai eu une enfance parfaite, même si on n'avait pas d'argent. La première année à la piscine Rosemont, l'abonnement coûtait un dollar par année. Ça n'a pas duré. Rapidement, il est passé à deux cents dollars par année et ma mère m'a dit qu'elle n'était pas sûre d'y arriver. Je lui ai dit « pas de problème ». Je récupérais des boîtes de carton dans la ruelle pour confectionner des pancartes avec des dessins de fleurs, d'étoiles, ou des photos, et j'écrivais « encouragez-moi » dessus. Puis j'allais faire du porte-à-porte pour ramasser des dons. J'allais voir le cordonnier ou d'autres commerçants qui me donnaient des deux dollars en papier orange [rires]. Sans ça, je n'aurais jamais pu y arriver.

La nage « ornementale » reste une activité ludique qu'elle pratique sans rien en attendre. Jusqu'à ce que Julie Sauvé inscrive son équipe au championnat canadien, à Calgary, dans la catégorie junior.

J'avais onze ans. On était un peu trop jeunes pour être là, mais Julie nous avait inscrites quand même. J'ai découvert un monde. Je n'avais jamais pris l'avion, ma mère non plus. C'était la panique. Une fois sur place, on entendait parler autre chose que le français. Puis, j'ai vu à quel point mon sport pouvait être merveilleux. Ça a été une révélation. J'ai aussi réalisé à quel point j'étais poche [rires] ! De voir les autres gagner des médailles alors que j'étais avant-dernière, ça m'a fouettée. Moi qui me trouvais tellement hot, je me suis rendu compte que j'avais du chemin à faire. Je me souviens en détail de la remise des médailles à l'Université de Calgary. C'est là que j'ai compris qu'il existait une communauté de nageuses à l'extérieur de Rosemont–Saint-Michel. Des filles plus vieilles qui étaient vraiment bonnes et qui obtenaient des médailles. On venait d'ouvrir la porte d'Alice au pays des merveilles. Ça a été le déclic.

Quatorze ans plus tard, le 18 juillet 1992, à quelques jours de son départ pour les Jeux olympiques de Barcelone où elle est favorite pour gagner l'or, Sylvie Fréchette rentre chez elle après une séance d'entraînement et découvre le corps inanimé de son fiancé, Sylvain Lake. Le jeune sprinteur et journaliste de vingt-six ans s'est suicidé.

Quand Sylvain est mort, on m'a enlevé mon cœur. À Barcelone, je n'ai pas fait des routines de nage synchronisée, j'ai nagé ma vie. C'était la seule chose au monde qui me restait pour me sentir vivante. Je ne pouvais rien faire d'autre. Il ne me restait plus rien. J'avais l'impression qu'on m'avait éviscérée. Mon grand-père était décédé en janvier et maintenant Sylvain n'était plus là. On m'avait enlevé les deux hommes de ma vie. Je ne voulais pas mourir, mais il fallait que je trouve une façon de me sentir vivante.

Sylvie Fréchette a réalisé la performance d'une vie. Une médaille d'or aurait pu mettre un peu de baume sur ses nombreuses plaies. Le destin, malheureusement, en avait décidé autrement. Au programme des figures imposées, la juge brésilienne fait une erreur et inscrit 8,7 plutôt que 9,7 sur son appareil de pointage et l'arbitre en chef refuse de modifier la note finale.

Je suis revenue au village olympique et je voulais juste qu'on me foute la paix. Si j'avais pu m'enfermer dans une coquille et retourner à l'état de fœtus, je l'aurais fait. Après ça, j'ai oublié plein de choses. Ma mère me dit qu'on est allées marcher sur La Rambla. Des fois, je croise des athlètes, Nicolas Gill ou Guillaume Leblanc, qui me disent : « Te souviens-tu quand on est allés voir les feux d'artifice sur le quai ? » Je ne me rappelle rien. Je n'étais pas moi-même. Peut-être que c'était mieux comme ça. Je me serais posé trop de questions.

Le lendemain, Sylvie doit nager à nouveau pour la finale de la routine solo. On a beau avoir des ressources insoupçonnées, la tentation de tout abandonner devait être forte. Surtout que, mathématiquement, l'avance de l'Américaine était impossible à surmonter. Alors, pourquoi continuer ?

C'est de la survie. Ce n'est pas dans ma nature, mais j'étais en colère. Je me suis dit : « Ils vont voir c'est qui la meilleure au monde ! »

Il faudra seize mois et neuf jours avant qu'on remette finalement la médaille d'or à Sylvie Fréchette dans le cadre d'une cérémonie tenue à Montréal. Justice a été rendue, mais il reste que toute l'affaire l'a privée d'une expérience unique : monter sur la première marche du podium aux Jeux olympiques.

Pour moi, ça a été un énorme soulagement. J'étais fatiguée de me faire dire : « Tu la mérites, ta médaille », sans trop savoir quoi répondre. J'avais finalement le score final de ma performance. Puis, c'est un moment qui a marqué l'imaginaire des gens. Alors oui, il y a une partie de ma vie qu'on m'a volée. Je ne l'aurai jamais. Sauf que je surfe aujourd'hui sur un élan de sympathie et une connexion avec les gens que je n'aurais peut-être pas eus autrement.

En 2010, Sylvie Fréchette a fondé un club de nage synchronisée à Saint-Jérôme pour combler un manque dans la région et pour faire profiter aux jeunes puces d'un peu de son expérience et de son enthousiasme.

Je me vois comme une semeuse d'étincelles. Je cherche à ouvrir la porte à toutes les filles qui veulent venir danser dans l'eau avec nous. Je ne vise pas d'emblée la victoire pour mes filles. Je vise la réussite. L'idée, ce n'est pas de nourrir leur ego, mais d'encourager la progression. On s'entend sur un objectif réaliste et on travaille fort pour y arriver. On n'est pas maître de ce qui se passe dans la tête des juges, mais on est maître de ce qu'on veut faire. Je veux qu'elles développent un sentiment d'appartenance, comme moi quand j'avais leur âge. J'étais *reject*, j'étais timide, mais quand j'arrivais à la piscine, j'étais tellement heureuse de retrouver ma gang.

Sylvie Fréchette est une conférencière recherchée en plus de diriger le club de nage synchronisée Neptune Synchro, fondé en 2010.

Michel Portmann

Le sport jusqu'au bout

J'ai rencontré Michel Portmann au complexe sportif Claude-Robillard, à Montréal, dans les gradins de la salle omnisport. Tout au long de notre longue conversation, nous entendions les cris d'effort des jeunes athlètes qui s'entraînaient plus bas sur la piste. De loin, nous pouvions observer les deux jeunes filles qui aimeraient bien rejoindre l'élite du saut en hauteur sous la supervision de Michel. Lui-même sauteur en hauteur, au mois d'août 1969, il bat le record de Suisse avec un bond de deux mètres quinze. Au début des années 1970, il s'installe au Québec et termine des études de kinanthropologie (la science des mouvements du corps). Il devient professeur d'éducation physique à l'Université du Québec à Montréal et sera aussi entraîneur, notamment de Claude Ferragne (saut en hauteur) dans les années 1970 et du sprinteur Bruny Surin deux décennies plus tard.

Michel n'a pas perdu la passion du sport. Il pratique toujours le saut en hauteur et pourrait même battre le record du monde dans la catégorie des soixante-dix à soixante-quinze ans.

Je rêvais, la nuit, de devenir champion…

Michel Portmann a vécu l'expérience sportive en tant qu'athlète de pointe, mais surtout comme observateur dans son rôle de professeur d'éducation physique et d'entraîneur au cours des quarante dernières années. À une époque où les records sont battus par des millimètres ou des fractions de seconde, on peut croire qu'un jour on ne pourra pas aller plus loin. La machine humaine a des limites.

Pour un sprinteur, par exemple, on ne peut jamais être arrivé avant d'être parti [rires]. On n'obtiendra jamais un résultat de zéro-zéro-un-centième de seconde. Ça, c'est une balle de fusil. Donc, quand est-ce que ça va s'arrêter ? Est-ce que ça va s'arrêter un jour ? Est-ce qu'on aura des surhumains ? Des athlètes qui utilisent des prothèses ou qui seront dopés au maximum ? Peut-être que des collègues physiologistes ou biochimistes vont mettre au point des molécules ou découvrir des réserves d'énergie insoupçonnées ? L'organisme peut supporter des efforts extrêmes, mais on ne peut pas dépasser son potentiel. Quand on pousse trop la machine, elle finit par craquer. Mais qui sait ce qui se passera dans cent vingt ou cent cinquante ans ?

Comme entraîneur et professeur d'éducation physique, vous avez croisé de nombreux athlètes de haut niveau. Quel genre d'humain faut-il être pour se dépasser de la sorte ?

C'est une question de tempérament. Il faut avoir l'esprit de compétition, de concurrence, et le désir d'être meilleur que l'autre. Il faut savoir reconnaître ses forces. Il y en a qui se spécialisent dans le marathon parce qu'ils ont fait des expériences de course longue distance et remarqué qu'ils avaient des prédispositions. Il y a une bonne partie qui est innée. L'Américain Michael Phelps a été fabriqué pour la nage. Il est grand, il est fort, il a toutes les aptitudes.

Un athlète qui aurait moins de capacités physiques naturelles, mais une volonté de fer pour l'entraînement pourrait-il se rendre au sommet ?

On a toujours un potentiel maximum. C'est ce que je dis toujours à mes étudiants. Il y a une courbe. Au début, on s'entraîne et on fait des progrès énormes. La première année, la courbe est verticale. Plus on s'entraîne, plus elle devient horizontale et il y a un fort risque de plafonnement. Bruny Surin aurait eu un potentiel très bas au marathon, mais montre un très haut potentiel dans les sports explosifs. Il est très bon au basket. Il a fait, entre autres, du saut en longueur et du triple saut. Il a une très forte impulsion. Si on n'a pas la matière de base, on ne se rendra pas au sommet.

Et il y a ceux qui sont forts physiquement, mais qui n'ont pas le profil psychologique.

Ça se travaille. Aujourd'hui, on a des psychologues qui accomplissent un travail remarquable. Il faut mettre le doigt sur le petit déclic qui va faire toute la différence, mais ce n'est pas facile. Il y a des athlètes qui s'entraînent pendant des années sans obtenir de résultats satisfaisants. Quand ils arrivent en compétition, ils perdent les pédales. Ils sont mal encadrés. Même chez les grands athlètes. Je pense au joueur de tennis suisse Stan Wawrinka. Il est quand même dans les dix premiers au monde. Lui, il a des hauts et des bas. Je suis sûr que, psychologiquement, il est instable. On le voit dans certaines grandes compétitions, quand ça ne va pas, quand il échappe quelques balles, il lâche. Il ne devrait jamais lâcher avec tout son talent.

En même temps, il faut savoir se relever de l'échec.

Pour Bruny Surin, être éliminé en demi-finale du 100 mètres aux jeux d'Atlanta, en 1996, ç'a été la catastrophe ! La déception a été monumentale. Il a fallu discuter pendant trois heures avant qu'il commence à se remettre de ses émotions. Un échec n'est pas toujours un échec. C'est une leçon. On essaie de déterminer ce qu'on n'a pas fait correctement. Ça peut aider à progresser. Il faut se servir de l'échec et le transformer en défi.

Comme athlète, Michel Portmann s'est d'abord tourné vers la gymnastique. Jusqu'à l'âge de treize ans, il était perçu comme un espoir. Puis, il s'est mis à pousser comme une asperge et on lui a fait comprendre qu'il ne pouvait pas continuer. «C'était vraiment un drame, dit-il. J'en rêvais, la nuit, de devenir champion.» On lui a alors suggéré de se joindre à un club d'athlétisme. Ce qu'il a fait sans grand enthousiasme. Ce sont finalement des petites choses qui ont fait la différence et déclenché sa passion pour le saut.

Avec mon frère, pour s'amuser, on avait tiré une ficelle entre deux poteaux de bois et on faisait du saut en hauteur de façon assez rudimentaire. On prenait note de toutes nos performances. Et l'été, je travaillais pour un paysan voisin d'une scierie. Il y avait des lattes de bois et je me suis organisé un sautoir. Je répandais de la sciure de bois par terre pour amortir le choc. Le propriétaire de la scierie me laissait faire. Je pense que ça l'amusait. C'est un peu comme ça que j'ai commencé à aimer l'athlétisme. Puis, au club d'athlétisme de Genève, il y avait un gars de mon âge qui sautait déjà un mètre quatre-vingts. Moi, je sautais à peine un mètre soixante. Je me suis dit: «Lui, il faut que je le batte!» Surtout qu'il s'entraînait à peine alors que moi, je travaillais très fort. Ça a porté des fruits puisqu'à ma première compétition junior, à l'âge de seize ans, j'ai passé la barre à un mètre quatre-vingt-six. J'ai eu droit à des articles dans les journaux : « Meilleure performance suisse junior ! » L'année suivante, j'ai fait un mètre quatre-vingts et je suis devenu le deuxième junior en Suisse. À partir de là, j'ai eu envie d'aller plus loin. Je m'y suis consacré. J'ai fini par devenir le meilleur senior, cinq années de suite.

Vous avez commencé à en rêver la nuit, comme pour la gymnastique ?

Oui, là, je voulais participer aux Championnats d'Europe, puis me rendre aux Olympiques. J'ai raté les jeux de Rome, en 1960, par un centimètre. Pour Tokyo, en 1964, je me suis qualifié, mais je n'ai pas pu y aller parce que j'étais blessé, alors il ne fallait pas que je rate ceux de Mexico, en 1968, c'était ma dernière chance. J'y ai participé et je me suis classé quinzième.

L'année suivante, Michel Portmann améliore trois fois le record de Suisse au saut en hauteur, de 2,04 mètres à 2,15 mètres. Il se classe septième en Europe et la même année termine quatrième aux Championnats d'Europe en salle. Il n'a donc pas perdu son désir de vaincre malgré une contre-performance aux jeux de Mexico. Où

puise-t-il l'inspiration pour garder la rigueur et la discipline ?

Les Russes ! C'étaient les meilleurs. Surtout pour l'entraînement. Ils étaient systématiques. Ils avaient des programmes d'entraînement qu'on n'avait nulle part ailleurs.
Sans complications, juste la base. Ils étaient beaucoup plus
rigoureux que les Américains. Techniquement, j'ai beaucoup appris des Russes. Aux jeux de Mexico, en 1968, je
me suis entraîné avec eux. Ils m'avaient un peu adopté.
D'ailleurs, en Suisse, on me l'a reproché. Je me suis fait traiter de « communiste » dans les journaux. Je suis content
de l'avoir fait. Je n'ai jamais autant appris que pendant
ces trois semaines passées avec les Russes au Mexique.

**Au début de la vingtaine, quelle était votre principale
source de motivation pour vous dépasser ?**

Si j'avais à me psychanalyser, je dirais que c'était ma
timidité. C'était une façon de m'affirmer, de prendre ma
place. Il y a beaucoup de timides chez les athlètes. Je
voulais peut-être éviter qu'on dise de moi : « Lui, il est
renfrogné. Il reste toujours dans son coin, solitaire. » Il y
avait un désir d'être reconnu socialement et d'être visible
à travers le sport. Et l'envie de grimper les échelons dans
ma discipline, de battre celui qui m'était supérieur. C'était
inconscient, je pense. Je dis ça aujourd'hui. À l'époque,
je voulais juste être le meilleur !

Aujourd'hui, à soixante-quinze ans, Michel Portmann a encore la dégaine d'un jeune homme. Six pieds [un mètre quatre-vingt-trois], pas de surpoids, aucun problème de santé. Il doit faire l'envie de bien des hommes de son âge.

Je m'entraîne toujours. L'idée, c'est de ne pas arrêter. C'est ce que je dis toujours à mes étudiants : « N'arrêtez pas. Si vous arrêtez une année ou deux, c'est fini. Vous allez prendre du poids et après il sera trop tard. » Aujourd'hui, je suis à un quart de poil de battre le record du monde des petits vieux en saut en hauteur. Je n'ai aucun problème articulaire. Trois fois par semaine, je fais de la musculation. Je le fais parce que ça me plaît. Par contre, de temps en temps, j'ai un muscle qui lâche. C'est ma crainte. Ça fait mal et, quand ça arrive, je ne peux plus rien faire pendant deux semaines. Mais je suis très motivé par l'idée de battre le record du monde dans ma catégorie.

Michel Portmann, retraité du Département de kinanthropologie de l'Université du Québec à Montréal, est formateur pour les entraîneurs africains du Programme d'appui international au sport africain et des Caraïbes (PAISAC).

Danièle Sauvageau
Chief ne lâche pas

Danièle a dirigé l'équipe canadienne de hockey féminin jusqu'à la victoire contre les Américaines en finale des Jeux olympiques d'hiver de 2002, à Salt Lake City. Celle que ses joueuses appellent *Chief* a aussi été entraîneuse adjointe aux jeux de Nagano, en 1998 (médaille d'argent). Aujourd'hui, elle est consultante en performance dans plusieurs disciplines sportives. Elle travaille avec les entraîneurs qui doivent eux-mêmes se surpasser en fonction des besoins de l'athlète. Elle dirige également le programme de hockey féminin des Carabins de l'Université de Montréal (deux fois champion national).

C'est comme dans le travail policier, ça peut se passer très vite. Tu dois réagir rapidement aux imprévus...

Disons plus simplement que Danièle Sauvageau, qui a été membre de la Gendarmerie royale du Canada et du Service de police de la Ville de Montréal pendant plus

de vingt ans, est aujourd'hui coach et mentor olympique. Elle contribue à faire émerger le talent et aide les athlètes à bâtir leur estime de soi pour qu'ils puissent exprimer leur plein potentiel.

Pour moi, il y a quatre composantes importantes dans l'estime de soi pour réussir. Il faut que l'athlète croie qu'il est capable de prendre sa place sur la scène internationale. Ils sont nombreux à en rêver tout en se demandant s'ils peuvent faire partie de l'élite mondiale. D'autres ont l'impression d'avoir perdu les habiletés qui ont fait leur succès dans un passé récent. On doit remettre les choses en perspective. Il faut aussi qu'ils aient confiance en leur capacité à réaliser une tâche qu'ils n'ont jamais faite auparavant ou encore qu'ils comprennent qu'ils ont un rôle à jouer même s'ils ne font pas partie du noyau des meilleurs dans un sport d'équipe. Comme mentor, c'est dans ces aspects-là que j'aime bien formuler des commentaires et faire le point avec eux.

Des aspects qui sont intimement liés au stress et à la pression que l'athlète exerce lui-même.

Pour être capables de développer des habiletés, les athlètes doivent demeurer dans le moment présent. Pour se dépasser, c'est essentiel. C'est très difficile, mais il faut considérer le stress comme un privilège. Représenter son pays, sa province ou son université, c'est une décision qu'on doit assumer. Les entraîneurs aussi ont de la pression. Je viens d'un monde, celui de la police, où le danger et le stress ont un tout autre sens. Disons que ça me permet de remettre les choses en perspective dans le monde du sport. Le soleil va se lever demain matin et on va pouvoir travailler à améliorer la performance. Travaillons sur ce qu'on peut contrôler. Il faut désirer ces moments intenses de stress, que ce soit dans l'aire de départ en haut de la piste ou sur une patinoire. Vivre des moments de grosse pression qui nous font éprouver des sentiments uniques, ça fait partie de l'expérience d'un athlète. Il faut vouloir les recréer et les répéter. Le jour où l'athlète ne ressent plus toute cette tension, il est peut-être temps de passer à autre chose.

Est-ce que vous rêviez vous-même de devenir une athlète de pointe quand vous étiez enfant ?

J'ai passé beaucoup de temps sur les patinoires extérieures de Saint-Eustache. Quand mes deux jeunes frères ont été assez vieux pour jouer au hockey en équipe, on m'a fait comprendre que ce n'était pas possible pour moi parce qu'il n'y avait pas de programme de hockey féminin. Je n'ai pas vu ça comme une injustice, à l'époque. Il n'y avait tout simplement pas de programme pour les filles. Je n'y pouvais rien. J'ai quand même proposé mes services. On m'a dit que je pouvais apporter les bouteilles d'eau au banc des joueurs. J'ai vu ça comme une opportunité, une façon de rester près du banc.

Et quand avez-vous commencé à agir comme entraîneuse ?

J'ai coaché des enfants au hockey quand j'étais adolescente, mais c'est au cégep de Saint-Jérôme que j'ai eu ma première vraie occasion de travailler derrière le banc. Il y avait du ballon-balai masculin et féminin. On m'a demandé si je voulais être l'entraîneuse des filles. J'ai répondu : « À ce que je sache, celui qui coachait les filles avant que j'arrive, c'était le même qui coachait les gars. Si je coache les filles, je veux aussi coacher les gars ! » Et c'est ça qui s'est produit. Alors, je suis près d'un banc depuis l'âge de douze ou treize ans. Comme plusieurs d'entre nous, les samedis soir, je regardais religieusement *La soirée du hockey*. J'ai donc appris à observer le hockey et à reconnaître les bons patineurs sans vraiment mettre les pieds sur la glace. Ça fait rire mes athlètes, encore aujourd'hui, quand je leur dis que j'aimerais enfiler les patins et jouer avec elles. Elles me conseillent toujours de rester derrière le banc [rires]. J'ai l'œil pour détecter ce qui doit être fait et l'art de m'entourer de gens capables d'enseigner ce que je juge pertinent.

Ses qualités de leader feront de Danièle une candidate enviable pour n'importe quelle organisation. D'abord

embauchée comme entraîneuse adjointe de l'équipe canadienne de hockey féminin pour les jeux de Nagano, elle obtient ensuite le poste d'entraîneuse-chef et mène l'équipe canadienne à la victoire au Championnat mondial de hockey sur glace féminin en 1999. À partir de là, elle devait, en principe, diriger les filles aux jeux de Salt Lake City, mais, coup de théâtre, elle est remplacée à la tête de l'équipe sous prétexte qu'il faut essayer d'autres entraîneurs.

On m'avait dit que j'avais quatre ans pour rebâtir le système, mais on m'a congédiée avant que j'aie pu faire quoi que ce soit. Personne ne comprenait dans mon entourage. Je rencontre Tom Renney, qui était vice-président de Hockey Canada à ce moment-là et il me dit : « Coach, on veut essayer différents scénarios, tu vas probablement revenir. Fais-moi confiance. » Je lui ai répondu que ce n'est pas ce que nous avions convenu, que je ne pouvais pas lui faire confiance. Je pense que c'était une affaire d'anglophone contre francophone, mais il n'était pas question pour moi de régler ça sur la place publique. Peu de temps après, j'ai reçu une offre de Serge Savard, qui démarrait une nouvelle concession dans la Ligue de hockey junior majeur du Québec, le Rocket de Montréal. Il me suggérait d'aller rencontrer l'entraîneur-chef, Gaston Therrien. Gaston m'a raconté plus tard qu'il avait dit à sa femme : « Si elle ne baisse pas les yeux, je l'embauche. » C'est comme ça que je suis devenue la première femme entraîneuse dans l'histoire de la Ligue de hockey junior majeur du Québec. Ça a été une année extraordinaire.

Visiblement, les tentatives de Hockey Canada pour la remplacer n'ont pas porté leurs fruits. En juin 2000, on annonce que Danièle redevient entraîneuse-chef de l'équipe canadienne pour les deux années précédant les jeux de Salt Lake City. Échaudée par les événements, elle aurait pu choisir d'envoyer promener les dirigeants de l'organisation.

Plusieurs personnes m'ont conseillé de ne pas accepter. Qui aurait été pénalisé si j'avais fait ça ? Moi ! C'était mon rêve, pas celui de quelqu'un d'autre. J'avais des choses à régler avec les Olympiques. La médaille d'argent, à Nagano, c'était une défaite, pas une victoire.

La victoire à Salt Lake City ne sera pas facile à obtenir. L'équipe américaine était formée et les joueuses s'entraînaient ensemble depuis trois ans, alors que les Canadiennes ne l'étaient que depuis six mois. Les Américaines étaient beaucoup plus préparées. L'équipe canadienne avait perdu huit matchs dans des compétitions internationales préolympiques contre les équipes de Suède, de Finlande et des États-Unis. Pas génial pour la confiance, tout ça...

Et en plus, pour la finale, on a plusieurs joueuses clés qui sont blessées. Puis l'arbitre manquait d'expérience. On a eu huit punitions d'affilée et on a joué vingt-six minutes avec une joueuse en moins. Mais on est restées dans le moment présent et on a appliqué des principes de base. On ne pouvait pas prévoir qu'on se ferait décerner des pénalités à répétition. On est donc restées concentrées. On oubliait immédiatement la dernière punition et on ne savait pas qu'on en aurait d'autres, alors ce n'était pas une préoccupation. On avait retenu des leçons de Nagano, aussi. En 1998, on se trouvait bien bonnes et bien fines. On n'avait perdu aucun match en huit ans. On s'était présentées en finale convaincues qu'on allait gagner. Mais on ne s'était pas demandé si on était à notre meilleur et tranquillement la peur d'une défaite s'est installée, et ça nous a fait perdre nos moyens. On souhaitait que l'autre équipe perde plutôt que de penser à gagner. Et entre vouloir gagner et souhaiter que l'autre équipe perde, il y a une énorme différence. À Salt Lake City, on était prêtes à s'ajuster et à adapter notre performance quoi qu'il advienne. *Performing on demand!* On a fait des ajustements jusqu'à la dernière minute. On avait préparé nos joueuses à analyser des situations de jeu nouvelles et à y réagir rapidement. C'est comme dans le travail policier, ça peut se passer très vite. Tu dois réagir rapidement aux imprévus.

Sur le dépassement de soi dans un sport d'équipe. Comment peut-il se manifester dans un contexte de

groupe où chaque individu doit s'ajuster à une stratégie collective ?

Être un joueur d'équipe, c'est s'assurer d'être prêt à donner la meilleure performance possible à l'intérieur d'un groupe. Plusieurs joueurs ne savent pas combien de temps ils vont jouer pendant un match. Est-ce que ce sera deux minutes ou vingt minutes ? Peu importe, ils doivent être prêts à toute éventualité. Ils sont comme une pièce d'un puzzle que quelqu'un d'autre – l'entraîneur – est en train de construire. Donc, ils doivent donner le meilleur d'eux-mêmes à l'instant où quelqu'un d'autre décide que c'est le temps. Tout se joue à ce moment-là.

Danièle Sauvageau a été membre de la Gendarmerie royale du Canada (GRC) et du Service de police de la Ville de Montréal pendant plus de vingt ans. Elle est aujourd'hui coach et mentor olympique. Elle travaille à faire émerger le talent et contribue à bâtir l'estime de soi des athlètes pour qu'ils puissent exprimer leur plein potentiel.

Wayne Halliwell
L'homme qui souffle à l'oreille des athlètes

Travailleur de l'ombre, Wayne Halliwell est psychologue sportif, professeur de kinésiologie (l'étude du mouvement humain dans la pratique de l'activité physique) à l'Université de Montréal et consultant pour une foule d'athlètes canadiens. Dresser la liste d'athlètes qu'il a conseillés serait trop long. Mentionnons tout de même Alexandre Bilodeau, Jennifer Heil, Bruny Surin, Joannie Rochette et les sœurs Dufour-Lapointe.

Il faut faire une distinction entre être dans le moment présent et savourer le moment présent…

Il se défend presque d'être psychologue. Il se perçoit plus comme un entraîneur psychologique, sans jamais sombrer dans les notions de développement personnel et encore moins prétendre être un coach de vie. Il serait plutôt un mécanicien qui travaille à maintenir les rouages mentaux des athlètes dans les meilleures conditions possible pour leur permettre de se dépasser et d'atteindre leurs objectifs.

L'image que j'utilise pour expliquer ce que je fais prend la forme d'un triangle. À la base, il y a la préparation physique et de chaque côté les dimensions mentale et émotionnelle. Mon rôle, c'est d'aider l'athlète dans sa préparation mentale et émotionnelle et je fais une distinction entre les deux. Pour l'aspect mental, en psychologie, on parle des cognitions. C'est, entre autres, la concentration, la visualisation, la fixation d'objectifs et la planification. Ce sont aussi les pensées et le discours interne : qu'est-ce que je suis en train de me dire, quels sont les mots clés que j'emploie ? On peut travailler sur tout ça avec les pensées et les mots. Je réalise, après avoir travaillé avec des athlètes pendant plusieurs années, que c'est le côté émotionnel qui fait la différence pour qu'ils puissent se laisser aller. Les attentes et les enjeux sont très élevés, surtout aux Jeux olympiques. Mes athlètes doivent être dans le moment présent, exprimer leur passion et éprouver du plaisir et de la satisfaction. Ils doivent aussi maîtriser leurs émotions pour ne pas être minés par des pensées négatives qui nuisent à leur performance. Je dois les *booster* un peu…

Le modèle de Wayne Halliwell s'articule autour des quatre C. Il vise d'abord à faire prendre *conscience* à l'athlète de son état d'esprit, sa respiration, son langage

corporel, etc. Puis à mettre de l'avant ses *connais-*
sances: ses aptitudes et ses outils (dont la préparation
mentale). Vient ensuite le travail sur les *choix*. Pense-
t-il trop à ses résultats au détriment de la performance?
Il faut qu'il choisisse de travailler fort, de bien s'entraîner et de garder la concentration. On complète avec la
notion de *contrôle*. Il doit contrôler tout ce qui est venu
avant: ses pensées, ses émotions, son langage corporel,
son éthique de travail, sa respiration, etc. Il doit
contrôler ce qui est contrôlable et ne pas gaspiller
d'énergie pour les choses incontrôlables comme la
météo, une mauvaise performance du passé, ce que
disent les médias ou les autres athlètes.

À Sotchi, en 2014, les médias disaient: est-ce qu'Alexandre
Bilodeau va être capable de répéter sa performance et de
défendre sa médaille d'or de Vancouver? Deux notions
qui relèvent du passé. Il ne fallait pas qu'il pense au passé
ni à l'avenir. Je l'ai encouragé à penser au moment présent. Quand je travaillais avec Bruny Surin, il fallait
améliorer son habileté à courir de façon plus détendue.
Quand il courait, il avait le visage crispé. Après Barcelone, en 1992, où il a terminé quatrième au 100 mètres,
il est venu à mon bureau et nous avons visionné sa
course. Il était premier après quarante mètres, mais, à la
fin, il avait le visage extrêmement tendu. Je l'ai conscien-
tisé par rapport à un aspect technique. Il fallait, par
exemple, travailler la respiration pour qu'il se détende

les mains et le visage, qu'il garde les genoux bien hauts. Moi, je peux l'aider avec la conscience et l'utilisation de mots clés qu'il peut intégrer à son discours intérieur. Ensuite, il travaille avec ses entraîneurs à la préparation physique.

Je comprends les grandes lignes de votre contribution à la préparation mentale des athlètes, qui repose sur les techniques et outils de votre profession. Pour ce qui est de la préparation émotionnelle, il y a plus de variables en fonction de la personnalité de chacun des individus. Puisque vous ne faites pas de psychologie clinique – les athlètes ne sont pas en thérapie avec vous –, comment travaillez-vous avec eux?

Il faut ramener les choses à l'essentiel. Je les encourage à exprimer leur talent et leurs émotions. Je travaille sur leur discours intérieur. Il faut que l'athlète se dise «je dois ou je veux avoir une bonne performance» et non pas «j'espère avoir une bonne performance». Quand un athlète dit «je suis prêt», ce n'est pas la même chose que de dire «j'ai hâte». Plutôt que de voir l'entraînement au gym ou sur la piste comme une obligation, il faut qu'il le considère comme une occasion de s'améliorer. Tout ça relève du discours intérieur. L'idée, c'est que, le jour de la compétition, le moment lui appartienne et que les conditions soient en place pour qu'il puisse exprimer tout son talent et ses émotions. Pour ça, il doit être convaincu, détendu et dans sa bulle. Joannie Rochette, par exemple, quand elle va sur la patinoire, elle se dit : « C'est ma musique, c'est mon programme, c'est ma glace, c'est mon moment ! » Sylvie Bernier, entre chaque plongeon, ne voulait rien savoir des notes. Ni les siennes ni celles des autres. Elle ne voulait pas sortir de sa bulle.

Quand on demande à Wayne Halliwell de parler de quelques athlètes qui l'ont grandement impressionné au cours des dernières années, on ne s'étonne pas de l'entendre évoquer les noms de sportifs avec qui il a travaillé de près, plus particulièrement Alexandre Bilodeau et Joannie Rochette.

Alex, pour sa concentration et son habileté à s'entraîner avec intensité chaque jour. Son niveau d'engagement aussi. Il a terminé onzième à Turin, en 2006. Il a continué à s'entraîner avec la même détermination pour remporter l'or à Vancouver quatre ans plus tard et encore à Sotchi, en 2014. J'ai aimé sa façon de gérer les attentes et aussi ses émotions. Quand on lui a demandé quel était le rôle de son frère Frédéric [atteint de paralysie cérébrale] dans sa carrière, il a répondu que c'était sa principale inspiration. En psychologie, on parle de motivation extrinsèque – le faire pour quelqu'un d'autre. Chaque fois qu'il va au gym à reculons, il pense à son frère qui aimerait être capable de faire comme lui. Alex est conscient de sa chance. Il pousse même plus loin en s'impliquant dans la collecte de fonds pour la recherche sur la paralysie cérébrale. *He gives back!* Joannie aussi. Elle travaille à sensibiliser les femmes aux symptômes de la maladie cardiaque. Elle veut éviter que d'autres femmes de vingt-deux ans ne perdent leur mère.

On ne peut pas oublier le drame de Joannie Rochette, qui perd sa mère pendant les Jeux olympiques de 2010, à Vancouver. Wayne Halliwell a vécu les événements de très près puisqu'il faisait partie de l'équipe de la jeune femme. Comment vous êtes-vous mobilisés pour gérer la situation?

On m'a réveillé vers une heure quarante-cinq de la nuit pour m'annoncer la nouvelle. Je me souviens de tout ça comme si c'était hier. Elle partageait une chambre avec la patineuse Tessa Virtue et on savait qu'elles devaient commencer leur journée à six heures trente. On a pris la décision de ne pas les réveiller. Il fallait que Joannie soit bien encadrée. On a choisi les personnes qui allaient l'entourer: son père, le médecin de l'équipe, sa coach, Manon Perron, quelqu'un des relations publiques et moi. On a créé une bulle autour d'elle et on lui a demandé si elle préférait s'isoler et rester dans sa chambre. Elle a choisi d'aller à la cafétéria. Quelques personnes sont venues lui parler et lui manifester de l'empathie, entre autres Mike Babcock – le coach de l'équipe canadienne de hockey –, dont la mère est morte du cancer quand il avait vingt-huit ans. Ensuite, on l'a accompagnée à la morgue de l'hôpital pour qu'elle puisse voir sa mère une dernière fois. Au retour, dans la fourgonnette, Manon Perron a mentionné à Joannie qu'il n'était pas nécessaire de décider tout de suite si elle voulait prendre part à la compétition deux jours plus tard. Joannie lui a répondu spontanément qu'elle voulait patiner pour sa mère. Donc, le matin, elle a appris le décès de sa mère et l'après-midi, elle s'entraînait sur la patinoire. On a fait fermer toutes les télés dans l'aréna parce que la veille, à l'entraînement, un lugeur géorgien était mort après avoir frappé un poteau et il en était beaucoup question aux nouvelles. Le lendemain, lundi, elle avait un autre entraînement et le mardi soir, elle était en compétition pour le programme court. Elle n'a jamais aussi bien patiné. C'était vraiment incroyable. Elle a battu son record personnel.

En fin de compte, Joannie Rochette termine troisième au programme court et, le jeudi suivant, troisième au programme libre, pour enlever la médaille de bronze. Une performance exceptionnelle dans des conditions extrêmement difficiles pour la patineuse qu'on attendait parmi les cinq premières, mais pas nécessairement sur le podium.

On me demande souvent comment elle a fait pour traverser l'épreuve et se rendre jusqu'au bout. Je réponds par trois mots : courage, concentration et volonté. Elle a réussi à rester complètement absorbée dans le moment présent. Et quelle volonté! Elle m'a dit par la suite que, pendant les quarante dernières secondes du programme, elle n'avait plus de jambes. Mais elle a tenu jusqu'à la fin. C'est ce qui m'intrigue et me fascine dans mes recherches. La résilience. La capacité de rebondir et de rester dans les solutions. On ne peut pas contrôler le passé, mais on peut contrôler notre façon d'aborder le présent. Un jour à la fois.

Qu'ont en commun tous ces athlètes que vous accompagnez depuis une vingtaine d'années?

Ils ont tous une passion pour leur sport. Ils sont tous très engagés dans le processus pour atteindre leurs objectifs et ils sont capables non seulement d'être dans le moment présent, mais aussi de savourer le moment présent. Ce sont des éléments clés.

Avant de partir, j'ai voulu entendre Wayne Halliwell sur deux thématiques qui sont revenues souvent au cours de mes conversations avec les athlètes:

Le dépassement de soi dans les sports d'équipe

Quand je travaille avec une équipe, je lui parle de sa mission. Disons qu'on a une équipe de hockey qui part pendant trois semaines au Championnat du monde. La mission, c'est de gagner la médaille d'or. Si chaque membre de l'équipe se donne à fond en acceptant son rôle et en trouvant le moyen de contribuer au succès de l'équipe, on va accomplir notre mission. Mais j'insiste : il faut que chacun trouve son rôle. Il arrive qu'une équipe dépasse les attentes, comme les Kings de Los Angeles en 2012. Ils ont terminé la saison en huitième place et trouvé le moyen de gagner la Coupe Stanley. Je ne sais pas si on peut parler de dépassement de soi, mais on peut dire que toute l'équipe s'est élevée au-dessus des attentes.

La visualisation (qui, en gros, consiste à se faire une image du résultat désiré)…
J'encourage beaucoup la visualisation, mais ce n'est peut-être pas le bon mot. Ce n'est pas uniquement visuel, c'est aussi une question de sensations. Il faut sentir la fluidité des mouvements. On pourrait parler d'imagerie active. Il y a un autre niveau aussi, celui des émotions. Un de mes étudiants suggérait l'expression «émotionaliser» le moment. Quand Justine Dufour-Lapointe me dit «je vais danser avec la piste», il y a de la visualisation et des émotions.

Wayne Halliwell est psychologue sportif, consultant pour de nombreux athlètes canadiens et professeur de kinésiologie à l'Université de Montréal.

Sébastien Sasseville

Le coureur bâtisseur

Quand le diagnostic de diabète de type 1 (la forme la plus grave de la maladie) tombe, en 2002, la vie de Sébastien Sasseville est transformée du jour au lendemain. L'insouciance du jeune adulte de vingt-deux ans fait place à un régime de vie strict et réglé au quart de tour. Pour compenser la carence de production d'insuline par son pancréas, il doit accepter l'idée qu'il devra, pour le reste de sa vie, surveiller son alimentation, équilibrer sa glycémie, faire de l'exercice quotidiennement et, surtout, s'injecter de l'insuline plusieurs fois par jour.

Quand on parle de performance et de dépassement de soi, on touche aussi à la capacité à se relever…

Sébastien ne se laisse pas ralentir par ce mauvais coup du sort. Plutôt que de voir s'essouffler ses rêves de voyage, il se lance à fond de train dans la réalisation d'exploits dans les sports d'endurance. Au cours de la

décennie 2000, il atteint les sommets des monts Everest et Kilimandjaro, participe à un ultramarathon
(deux cent cinquante kilomètres) dans le désert du
Sahara et termine une demi-douzaine de triathlons
Ironman. Puis, en février 2014, il entreprend son projet le plus audacieux : la traversée du Canada à la
course, de Saint-Jean (Terre-Neuve) à Vancouver (sept
mille deux cents kilomètres) pour sensibiliser le public
à la cause du diabète de type 1 et encourager ceux qui
en sont atteints à réaliser leurs rêves. On pourrait
croire que Sébastien Sasseville avait déjà une propension au sport quand il était enfant.

Du tout ! À l'école, j'étais le navet. Le dernier choisi dans
l'équipe, ça a été moi pendant quinze ans. Je me suis inscrit au programme de volleyball sport-études et j'ai
passé cinq ans sur le banc. Je ne viens pas d'une famille
de sportifs. Mes parents nous soutenaient si on voulait
faire du sport, mais la valeur fondamentale, à la maison,
c'était le travail. J'ai grandi dans une ferme laitière, dans
un rang de campagne à l'extérieur du village de Saint-Pa-
trice-de-Beaurivage [dans Lotbinière]. Dès l'âge de dix
ou douze ans, il fallait qu'on s'occupe à toutes sortes de
tâches. On nous faisait comprendre que, si on voulait
obtenir quelque chose, il fallait travailler fort. Te lever à
cinq heures du matin pour aller faire le train, tous les
jours, quand tu as treize ans, ça t'apprend la discipline.

Pendant ses années universitaires à Québec, Sébastien passe plus de temps au pub qu'au PEPS (Pavillon de l'Éducation physique et des sports), mais quand il se découvre une passion pour le sport, ce sont les valeurs qui lui ont été transmises à la ferme qui caractérisent sa démarche : la discipline, l'acharnement et le travail. Évidemment, le diagnostic de diabète de type 1 aurait pu sérieusement freiner ses élans pour le sport et les voyages.

La maladie avait été diagnostiquée chez mon jeune frère cinq ou six ans avant moi. Dans son cas, ça a été dramatique. Il en est presque décédé. Les traitements n'étaient pas aussi avancés et, dans ma famille, on n'y connaissait rien. À l'époque, on devait garder l'insuline au frigo et procéder par injection quotidienne. On n'avait pas encore les pompes à insuline qu'on porte à la taille en permanence. Je me disais que, si ça m'arrivait, ce serait désastreux. J'avais de grands rêves de voyage et ce serait impossible à gérer dans ces conditions-là. Quand j'ai eu mon diagnostic, c'est la première question que j'ai posée et on m'a rassuré en me disant que les traitements avaient évolué et que l'insuline pouvait être conservée à la température ambiante pendant trente jours. Mes rêves étaient encore envisageables. On m'a expliqué qu'il fallait par contre que je change mon train de vie. Je ne pouvais plus aller au pub tous les jours. Mon régime de vie devait changer. Il n'y a pas eu un moment précis où je me suis dit «je veux faire des Ironman et courir des marathons». J'ai commencé à courir et j'y ai pris goût tranquillement. J'ai complètement transformé mon style de vie, mais en quelques années. Disons entre vingt-deux et vingt-sept ans.

Entre se maintenir en forme et surveiller son alimentation pour gérer la maladie et escalader l'Everest, il y a une énorme différence.

Quand j'ai commencé à m'entraîner pour l'Everest, ce n'était pas pour les raisons les plus nobles. Au début de la vingtaine, je le dis sans gêne, la petite gloire liée à ce genre d'exploit était extrêmement attirante. À cet âge-là, j'avais envie de reconnaissance sociale. Je n'ai peut-être pas choisi de le faire pour les meilleures raisons, mais ça m'a sorti du lit tous les matins pour aller m'entraîner. Au fur et à mesure des préparations, c'est devenu une obsession. C'était mon seul objectif. L'idée de faire autre chose ne m'a jamais traversé l'esprit. Puis, le processus te force à apprendre des choses. Je pensais aussi que si j'allais au bout, ça ouvrirait d'autres portes.

Il ouvre lui-même les portes l'une après l'autre. Mû par des ambitions personnelles de dépassement, il se lance littéralement vers les sommets de la planète, court des centaines de kilomètres dans le désert du Sahara et complète une demi-douzaine de compétitions Ironman

(3,8 kilomètres de nage, 180 kilomètres de vélo, suivis d'un marathon de 42,2 kilomètres). Une série d'exploits qui lui ont prouvé hors de tout doute qu'il n'y a pas d'obstacles trop grands quand on est prêt à s'y consacrer avec énergie, volonté et travail. Au début des années 2010, il a envie de montrer par l'exemple que rien n'est impossible pour les gens atteints du diabète. Il conçoit donc le projet de traverser le Canada à la course, une distance de sept mille deux cents kilomètres ou l'équivalent de cent soixante-dix marathons.

C'est un projet qui a pris deux ans à organiser. Je me rappelle, pendant les premières réunions de logistique avec l'équipe de soutien et les commanditaires, on me demandait régulièrement si j'étais sûr que c'était possible de courir quarante kilomètres par jour pendant neuf mois. L'idée de ne pas y arriver ne m'a jamais traversé l'esprit. Je savais que ça allait être dur, qu'il y aurait des journées horribles et des moments de noirceur, mais le défi avait quelque chose d'irrésistible. Il fallait que j'essaie. Je voulais vraiment pousser mes limites. Ce n'étaient pas les premiers mois qui me préoccupaient, c'était le cinquième ou le sixième. Je voulais savoir comment on se sentait après cent marathons. Si tu n'es plus capable d'avancer, où trouves-tu les ressources ?

Les risques pour la santé sont très grands. L'objectif était de courir sept mille deux cents kilomètres. Comment se

sent-on après, disons deux mille kilomètres, quand on constate tout ce qui reste à faire ?

[Rires.] Ce qu'il faut se demander, c'est comment on se sent après cent vingt kilomètres ! Après trois jours, ton corps est tout brisé. Il faut se demander comment on fait pour survivre à la prochaine journée. Il n'y a pas vraiment d'entraînement qui te prépare à ça.

Alors comment as-tu fait ?

Je n'avais pas d'objectif de performance, alors je ne courais pas trop vite, disons à huit ou neuf kilomètres à l'heure. Je parcourais mes quarante kilomètres quotidiens en quatre à cinq heures – en tenant compte des pauses. Le corps s'adapte. Il fallait surveiller la nutrition et la perte de poids. Il fallait aussi gérer la douleur, présente en permanence. Sans être blessé, j'avais toujours des faiblesses qu'il fallait protéger. Je n'ai pas fait quarante kilomètres tous les jours. Surtout le premier mois, il y a des jours où je ne pouvais pas aller plus loin que vingt-cinq kilomètres. Tu peux toujours jouer avec l'élastique, mais il faut être prudent, parce qu'il va briser juste une fois.

Pour ce qui est de l'alimentation, considérant la quantité de calories que tu devais brûler chaque jour, est-ce que tu pouvais manger n'importe quoi ?

J'avais une certaine liberté puisque je n'avais pas à surveiller mon poids. Je devais, dans un premier temps, aller chercher tout ce que je pouvais dans les fruits, les légumes, le poisson. Et j'avais besoin de beaucoup de calories, alors je pouvais ajouter toute une couche de *junk food*. Tu ne sais pas à quel point j'en ai mangé… Mais je brûlais tout le lendemain. Vers la fin de la traversée, par contre, je ne mangeais plus beaucoup. Mon corps, à force de travail, est devenu beaucoup plus efficace. J'avais besoin de moins de carburant pour produire l'énergie nécessaire à mon effort. C'était fascinant.

Sébastien était accompagné, tout au long de la traversée, par son meilleur ami, Patrick Saint-Martin, qui s'occupait de la logistique, le suivait dans le véhicule d'escorte quand le Code de la route le permettait ou prenait les devants pour organiser la prochaine étape. Il reste que courir est une activité solitaire. Sur une distance aussi importante, on a inévitablement des états d'âme. Il faut vivre avec la solitude du coureur de fond.

C'est comme pour la forme physique, il y a des bonnes et des mauvaises journées. Je suis porté à croire que l'esprit humain laissé à lui-même a tendance à dériver vers des choses négatives. Ce n'est pas comme ça à chaque course. J'ai réalisé qu'on pouvait apprendre à régir la direction que prend l'imagination et choisir ses pensées. Profiter de ces longues heures en solitaire pour réfléchir, entre autres, à mes affaires, mes projets, ma vie amoureuse. Des fois, je me laissais porter vers une zone plus calme, un peu comme de la méditation. Ça me permettait de me détacher et d'observer mes émotions comme si je regardais une peinture. On est souvent meilleur pour aider nos amis que pour régler nos propres problèmes. Ça me permettait d'appliquer cette notion-là à mes propres préoccupations. Ça a été un grand cadeau de la traversée.

Le principal ennemi des coureurs de marathon se manifeste en général après le trentième kilomètre. C'est le fameux « mur », qu'il faut absolument surmonter si on veut terminer la course. Le « mur » équivaut à une panne sèche, comme si les muscles n'avaient plus de carburant et refusaient de travailler.

Et, à ce moment-là, le cerveau est très efficace pour se trouver d'excellentes raisons d'arrêter. Je me disais des choses comme : je pourrais me blesser, je pourrais mettre le projet à risque, il ne fait pas très beau, si j'attrape la grippe, je ne pourrai plus avancer. Il faut absolument résister à ça parce que dès que tu te permets d'arrêter avant d'avoir atteint ton objectif, le lendemain, ça devient beaucoup plus facile d'arrêter plus tôt. Si tu veux te dépasser, c'est très important de reconnaître ces risques-là.

À l'inverse, il y a l'expérience du *flow* ou de la zone. Quand on est complètement absorbé par sa course et que les endorphines sifflent dans le cerveau, on a l'impression de ronronner et le sentiment de pouvoir continuer à courir pendant des heures.

Ça, c'est incroyable. Mais on ne vit pas ça tous les jours. Au départ, je me suis demandé si, une fois le projet réalisé, je n'allais pas haïr la course pour toujours. Ce n'est pas arrivé. J'ai aimé courir jusqu'à la fin. C'était comme une drogue. Surtout que, pour moi, honnêtement, le vrai marathon était tout ce que j'avais à gérer autour de la course. J'ai participé à une quarantaine d'événements, donné une centaine d'entrevues, on tournait un film pendant la course… C'est tout ça qui m'épuisait psychologiquement. Alors que, pendant que je courais, j'avais la paix. Je pouvais réfléchir et prendre du recul.

Après huit mois de course à travers le pays, Sébastien Sasseville arrive finalement au pied des Rocheuses, en Alberta. Malgré l'incroyable beauté des montagnes, il n'est pas là pour faire du tourisme. Il a trente mille mètres de dénivelé à affronter avant d'arriver à Vancouver.

Pour traverser Kootenay Pass, dans le sud de la Colombie-Britannique, il faut parcourir trente-sept kilomètres en montant. Imagine! Tu montes la voie Camillien-Houde, sur le mont Royal, à Montréal, trente-sept fois de suite.

Ça m'a pris sept heures et demie. Évidemment, j'en ai monté une partie en marchant. Ça sollicite des muscles différents par rapport au plat. J'avais mal partout. Ensuite, quand tu redescends, ce sont tes quadriceps [muscle antérieur de la cuisse] qui te font souffrir le martyre. J'ai découvert rapidement la face cachée des jolies petites vallées, aussi [rires]. La première fois que tu en abordes une, tu trouves ça magnifique. Rapidement, on s'est rendu compte qu'après chaque vallée il fallait passer la journée du lendemain à remonter. Elles perdaient un peu de leur charme. Mais, pour moi, quand on a traversé la frontière de la Colombie-Britannique, ça a été une grande victoire. C'est la première fois que je me suis permis de commencer à penser que j'allais y arriver. Même en Saskatchewan et en Alberta, je n'osais pas encore y croire complètement.

Après deux ans de préparation et huit mois et demi sur les routes du pays, Sébastien franchit les derniers kilomètres de sa traversée du Canada le 14 novembre 2014. Heureux et, on s'en doute, très fatigué. Quand on fait le bilan, il aura couru une moyenne de quarante kilomètres par jour, cinq à six jours par semaine. Au fil des kilomètres, des événements et des apparitions dans les médias locaux, il aura inspiré des centaines de diabétiques et rassuré bien des parents quant au potentiel de leur enfant atteint de la maladie.

Toute cette aventure m'aura appris que ma grande force, c'est ma capacité à me relever. J'ai découvert aussi que j'étais un bâtisseur, que j'avais la capacité de mener un projet comme celui-là jusqu'au bout. C'est bien beau d'avoir des idées quand tu bois une bière avec des amis, mais, à un moment donné, il faut que ça devienne concret. J'ai surtout appris que j'avais la capacité à me relever rapidement d'un échec, à en tirer des leçons et à m'en servir pour me motiver davantage.

Sébastien Sasseville est aujourd'hui conférencier. Après avoir travaillé pour de grandes sociétés pendant les dix premières années de sa carrière, il propose des conférences sur la gestion du changement, l'agilité corporative et la performance de pointe en entreprise. Pour garder la forme, il participe à quelques triathlons chaque année.

Bernard Voyer
Toucher au ciel

L'aventure, c'est un peu le métier de Bernard Voyer. Sur sa feuille de route, il peut cocher des expéditions réussies au pôle Sud et au pôle Nord et des ascensions des plus hautes montagnes de la planète, dont l'Everest en 1999. Né dans le froid et la neige à Rimouski en mars 1953, il résiste aux rigueurs de l'hiver québécois en l'affrontant de plein fouet. Sans réserve.

Il y a un peu de Gilles Vigneault dans l'âme de l'explorateur. Même amour de l'hiver et même envie de le raconter pour le faire vivre dans toute sa beauté. Puis, un peu d'Edmund Hillary, son idole, celui qui a ouvert les pistes. Le premier à atteindre le sommet de l'Everest.

J'étais motivé par l'appel du froid…

Habité par un désir de défoulement et d'aventure dès l'enfance, Bernard découvre très tôt qu'il aime le sport. Premier objectif : rattraper l'autobus scolaire à la course.

Plutôt que d'embarquer dans le véhicule jaune quand il s'arrêtait au coin de la rue, Bernard décollait à la course pour voir s'il pouvait le battre et arriver à l'école le premier. Il a une propension naturelle pour la course à pied. Coureur de fond et de demi-fond, il participe au Championnat du Québec et à d'autres compétitions. Mais sa vocation est ailleurs.

Parallèlement à ça naissait ma passion de l'aventure. J'avais envie de savoir comment fonctionnait une boussole, d'apprendre à lire une carte. La dimension technique des expéditions m'intéressait au plus haut point. Sur les bords du Saint-Laurent, à Rimouski, je me rendais au sommet du Rocher-Blanc (huit mètres), d'où je pouvais voir l'horizon encore plus loin. Au sommet, j'étais plus grand que mon père et je ne pouvais pas me mettre à l'abri. Déjà, à l'âge de sept ans, ce sentiment de liberté, le vent qui me fouettait le visage, l'horizon ; tout ça me faisait vibrer. La pire punition, pour moi, c'était de me faire envoyer dans ma chambre.

De son propre aveu, Bernard est une grande gueule, un gars sociable, jamais replié sur lui-même. Il aurait pu choisir un sport d'équipe, par définition moins solitaire que la course, l'aventure et l'exploration.

Je ne suis pas un ours qui s'enferme dans sa tanière. Et pourtant, j'ai choisi une pratique individuelle même si

ce n'était pas dans mon tempérament. C'est peut-être
l'égoïsme du résultat. J'essaie de voir... Peut-être que j'ai
toujours voulu que mes victoires m'appartiennent.
Autant que mes échecs d'ailleurs. Il est clair que je suis
en compétition avec moi-même. J'ai toujours eu envie
de dépasser mes propres limites. Mon désir de vaincre
m'a toujours poussé à aller au-delà de ce que je connais.
J'ai toujours voulu apprendre la bonne technique. Celle
qui me permettrait d'aller plus loin encore.

**Il n'y a pas eu de moment d'épiphanie ou de rencontres
particulières qui ont éveillé la vocation de Bernard
Voyer. L'aventurier s'est fabriqué lui-même sans vraiment y penser.**

J'ai été chanceux. J'ai reconnu très tôt et naturellement
ce qui me passionnait. Ça n'a pas été au contact de maga-
zines de nature et de plein air. Mes parents ne m'ont pas
servi de modèle non plus. Ils étaient tuberculeux. Ils se
sont rencontrés dans un sanatorium, alors ils n'étaient
pas très actifs physiquement. Mes frères et sœurs non
plus. Je n'avais pas d'encouragement particulier à la maison. C'est sans doute un peu Le Bic, le fleuve, Rimouski...
J'aimais entendre mon cœur battre et je n'avais pas peur
de l'essoufflement. Si ça pouvait me permettre d'aller
plus loin, c'était merveilleux. J'avais quatorze ou quinze
ans quand j'ai fait mes premiers voyages en canot. J'avais
déjà envie d'aller loin. Je parcourais de quatre cents à

cinq cents kilomètres par été. Quand on arrivait à destination la dernière journée, je ne voulais pas voir le canot toucher le sable sur la rive. Je fermais les yeux. Je ne voulais pas que ça se termine.

Un peu plus tard, Bernard veut découvrir les bassins versants du Québec. Il traverse la rivière George (cinq cent soixante-trois kilomètres) jusqu'à la baie d'Ungava, la rivière Rupert (six cents kilomètres) jusqu'à la baie James, la rivière Romaine (quatre cent quatre-vingt-seize kilomètres) jusqu'à Havre-Saint-Pierre, et parallèlement, il fait du camping d'hiver et des traversées de grands lacs. Des expéditions qu'il perçoit d'abord et avant tout comme des défis techniques liés à une activité physique intense. L'aventurier est en apprentissage.

Je voulais vérifier et me prouver que j'étais capable de porter le canot, de faire fonctionner le réchaud s'il était tombé deux pieds [soixante centimètres] de neige dessus pendant la nuit. Est-ce que je pouvais coudre une tente déchirée, la monter dans une tempête, et tout le reste? L'idée est toujours la même: améliorer son sort. S'organiser pour que demain soit plus facile qu'aujourd'hui.

N'est-il pas arrivé un moment dans ta vie où tu as eu envie de te choisir un «vrai» métier? Architecte, avocat, comptable, médecin…

[Rires.] Mon père était un intellectuel. Il passait beaucoup de temps dans les livres. Il est retourné aux études
à quarante-cinq ans pour obtenir une maîtrise. Il trouvait mes aventures sympathiques tant que j'étais jeune et
que je faisais ça après l'école. Mais par la suite, toute sa
vie, jusqu'à son décès il y a vingt ans, il me disait : « Toi,
Bernard, quand tu vas te trouver une job... » À la fin, je
lui répondais : « Papa, je travaille sept jours sur sept. J'ai
un bureau, je suis consultant, j'emploie des gens, je
donne des conférences, je fais des chroniques à la radio. »
Il n'a jamais très bien compris. Il me félicitait, mais, pour
lui, qui avait une formation classique, ce n'était pas vraiment du travail. Ce que je voulais apprendre, ça ne s'en-
seignait pas à l'université. Aujourd'hui, on trouve des
diplômés universitaires en plein air et en tourisme
d'aventure. À mon époque, ça n'existait pas.

**Bernard a donc choisi de faire son chemin à sa façon.
Il a été logique avec ses premiers élans. On pourrait
dire qu'il a répondu à l'appel du froid.**

Le fil conducteur de toutes mes expéditions, c'est la
neige. Jamais je ne me serais rendu au sommet des plus
hautes montagnes de la planète s'il n'y avait pas eu de
neige au bout du parcours. Quand j'avais seize ans, avec
mes amis, on discutait de voyage, de la possibilité d'aller
en Europe. Mes amis me disaient : « On va aller sur la
Côte d'Azur voir les filles aux seins nus ou encore sur les

plages du sud de la Grèce.» Moi, je voulais aller en Finlande! Pour mon premier voyage en Europe, je suis allé
en Finlande, en Suède et en Norvège. Je voulais voir ce
que ces gens-là faisaient de l'hiver. Je rêvais d'aller en
Sibérie. J'ai toujours aimé la neige. Ça a guidé la plupart
de mes choix.

**Pour sa première expédition, en 1978, il met le cap sur
la terre de Baffin. C'est le froid dans toute sa force, sa
splendeur et surtout sa part d'inconnu. À l'époque, il
n'y pas d'Internet pour faire des recherches et ils sont
peu nombreux à avoir traversé la région à ski. Il se prépare avec son groupe dans un appartement de la rue
Berri qu'ils appellent «L'auberge du plancher rouge».**

On déroulait des cartes sur la table de la cuisine. On faisait tenir les coins avec des pointes de pizza. J'avais beau
savoir ce que c'était de monter une tente l'hiver, mais là,
on allait affronter l'Arctique. Je n'avais jamais été plus au
nord que l'Abitibi. On allait prendre un vol jusqu'à Iqa-
luit, puis un autre jusqu'à Broughton Island [aujourd'hui
Qikiqtarjuaq], entre le Groenland et la terre de Baffin.

J'imagine ta fébrilité quand tu descends de l'avion.

L'avion, un Twin Otter, se pose. On descend nos sacs à
dos et nos vivres. On n'avait même pas de traîneaux. Le
pilote laisse tourner les moteurs et nous dit: «Je vous

donne deux minutes pour changer d'idée.» On n'y a pas pensé deux secondes. On a écouté le ronronnement de l'avion qui s'éloignait et on s'est retrouvés dans un état d'émerveillement et de peur. Il n'allait revenir que quinze jours plus tard dans un autre village, à deux cents kilomètres de là. On n'a pas eu de problème. Une première expédition sans fautes. Malheureusement, on n'a pas d'images. La caméra s'est déclenchée toute seule dans le sac à dos d'un autre membre du groupe et la pile est morte. Ça reste l'expédition la plus marquante de toutes mes aventures.

Il y a une décennie particulièrement marquante dans la vie de Bernard Voyer. Celle de sa quarantaine. Dans les années 1990, il enfile les expéditions et les sommets. Il rejoint le pôle Nord en 1994, le pôle Sud en 1996 et, en 1999, il atteint le plus haut sommet de la terre, l'Everest (huit mille huit cent cinquante mètres). Finalement, en 2001, il achève sa tournée des plus hauts sommets de chacun des sept continents. Premier Nord-Américain jusque-là à avoir réalisé un tel exploit.

Ce n'est pas que j'étais plus en forme physiquement dans la quarantaine. Il n'y a pas un médecin qui va te dire ça. C'est surtout que j'avais plus d'expérience. Je me connaissais mieux, aussi bien mes forces que mes faiblesses et ma fragilité. J'avais acquis une vaste expérience sur deux tableaux: les expéditions polaires et la haute montagne.

J'ai approfondi les deux pratiques qui, dans le fond, n'ont en commun que le froid. L'alimentation, l'équipement, la démarche, la météo, les effets de l'altitude, les effets physiologiques, tout ça est différent. L'expérience et la confiance en soi qui vient avec, dans le domaine de l'aventure, c'est majeur. L'humilité aussi. Si tu n'es pas humble devant la montagne, tu vas te tuer.

Peux-tu me décrire ce qu'on ressent quand on atteint les plus hauts sommets de la planète?

Impossible, même pour une personne athée, de se tenir debout au sommet de l'Everest sans toucher à une forme de spiritualité. Ce n'est pas obligé d'être un dieu ou une religion, mais il y a une connexion spirituelle qui se produit. Une fois sur place, j'ai spontanément enlevé mon gant et levé le bras pour toucher au ciel.

La liste des activités de Bernard serait beaucoup trop longue. Disons simplement qu'il est conférencier et que l'engagement auprès des jeunes reste pour lui une priorité, comme en témoigne son appui à diverses fondations.

Dany Dubé
Au bon endroit au bon moment

Vers l'âge de huit ans, le natif de Baie-Comeau s'installe devant un filet de gardien de but un peu par hasard, pour combler l'absence d'un coéquipier. Le jour même, un responsable du hockey atome de passage dans la région le sélectionne pour être le gardien officiel des matchs intercités. Il n'avait jamais joué à cette position auparavant et portait les gants de gardien dans les mauvaises mains. Peu importe, il bloquait la rondelle. Un rêve éphémère de jouer dans la Ligue nationale prend forme à ce moment-là. Il ne quittera jamais le hockey, mais son parcours va le mener à l'extérieur de la patinoire, comme entraîneur d'abord, puis comme analyste dans les médias.

Il faut que tu voies la médaille d'or dans tes rêves, que tu aies envie d'y toucher…

Sans être un athlète de pointe, Dany Dubé passe une grande partie de son adolescence à garder les buts de différentes équipes de hockey jusqu'aux catégories junior et universitaire. Comme Obélix dans la potion magique, il est tombé dans la marmite du sport à un très jeune âge et n'en sortira jamais. Difficile d'y échapper. Autour de lui, ils sont nombreux à graviter autour du sport.

C'est grâce à ma famille si j'ai abouti où je suis aujourd'hui. D'abord, mes parents m'encourageaient à faire du sport parce qu'un médecin leur avait dit qu'il fallait que je bouge pour me débarrasser d'un peu d'asthme infantile. Puis, le père de ma mère s'occupait de la patinoire à Hauterive [ville aujourd'hui fusionnée avec Baie-Comeau]. Il faisait la glace. Quand on a construit l'aréna, il est devenu le chauffeur de la première Zamboni. Étant donné qu'il était toujours à l'aréna, il m'ouvrait les portes quand je passais. J'avais toujours accès à la glace. Pour mon âge, j'étais un très bon patineur. Comme j'étais hyperactif et que j'avais besoin de bouger, ça me permettait d'être dans l'action tout le temps. Mon grand-père paternel, lui, était concierge à la commission scolaire. Il me donnait accès au gymnase de l'école. La fin de semaine, il m'ouvrait les portes des casiers où étaient rangés les ballons et les équipements sportifs. J'amenais des amis et ça tournait au plaisir. J'étais toujours dans le sport et je voulais tout essayer.

À partir de là, le train est en marche. Il fait partie de l'élite du coin et progresse d'un niveau à l'autre jusqu'à l'ancienne ligue junior de hockey. Pour son père, par contre, il n'est pas question qu'il laisse tomber les études. Dany s'inscrit donc à l'Université du Québec à Trois-Rivières (UQTR), au baccalauréat en enseignement de l'éducation physique, où il étudie tout en jouant dans l'équipe de hockey de l'université. C'est une rencontre déterminante qui le fait dériver vers le travail d'entraîneur.

Pur hasard! Je suis donc gardien de but pour l'équipe de l'université. L'entraîneur-chef de l'équipe décide d'embaucher un entraîneur de gardiens. Il se trouve que c'est François Allaire [qui sera plus tard entraîneur des gardiens pour les Canadiens de Montréal, entre 1984 et 1996, et mentor de Patrick Roy] qui prend un congé sabbatique de son travail au service des loisirs de la Ville de Mirabel pour obtenir un certificat en administration à l'UQTR. Il offre ses services de coach gratuitement, pour le plaisir de travailler avec des joueurs de bon calibre. Son ambition était de devenir un jour un entraîneur de gardiens dans la Ligue nationale de hockey. Il m'a parlé de ses voyages en Europe pour observer le hockey qui se pratiquait là-bas : les techniques utilisées, le style des gardiens, le gabarit des joueurs. Une approche très cartésienne du hockey. Il m'a accroché. J'avais le sentiment qu'il pouvait vraiment m'aider à être meilleur. Non seulement il m'a fait progresser comme joueur, mais il m'a aussi éveillé à l'enseignement. L'été suivant, je

me suis trouvé un emploi dans une école de hockey.
François m'a aidé à me préparer et à me bâtir une spécia-
lité. Il est devenu mon mentor. J'ai commencé à me spécia-
liser. Je suivais notamment des cours en entraînement et
en psychologie sportive.

**Un peu plus tard, sur une poignée de main avec Clé-
ment Jodoin, Dany devient entraîneur adjoint des
Patriotes de l'UQTR.**

Clément était extraordinaire. On bâtissait ensemble et
on recrutait ensemble. J'étais toujours avec lui. Je ne
gagnais que deux mille cinq cents dollars par année,
mais je m'en foutais. J'étais toujours là. Ce n'était pas une
question d'argent. J'arrondissais les fins de mois grâce à
des tâches de chargé de cours. Quand Clément est parti
comme entraîneur adjoint avec les Penguins de Pitts-
burgh, je suis devenu entraîneur-chef des Patriotes.

**Au retour de Clément Jodoin, après un court séjour
dans la Ligue nationale de hockey, on donne le choix à
Dany de rester comme entraîneur adjoint, mais, après
avoir dirigé l'équipe pendant un an, ça ne lui suffit
plus. Il va plutôt passer les deux années suivantes
dans les fonctions d'entraîneur des Draveurs de Trois-
Rivières, avant de revenir à l'UQTR par la grande porte
comme responsable de tout le département des sports
et entraîneur des Patriotes. Puis, en 1992, Dave King**

quitte Hockey Canada. Le poste d'entraîneur-chef de l'équipe canadienne est libre et Dany reçoit un coup de fil de l'organisation. On lui suggère fortement de poser sa candidature.

Je me retrouve finaliste, avec Tom Renney. Hockey Canada décide de nous retenir tous les deux comme coentraîneurs. J'ai pris un congé sans solde de l'UQTR pour me consacrer au programme national. J'y suis resté deux ans. En parallèle, j'ai fait des recherches sur les courants et les tendances du hockey international pour un mémoire de maîtrise que je n'ai jamais terminé.

Dans les grandes lignes, j'aimerais que tu me racontes ton expérience comme coach de l'équipe canadienne aux Jeux olympiques de 1994 à Lillehammer.

Ce sont les derniers balbutiements du hockey amateur aux Olympiques. La rumeur concernant l'arrivée des professionnels est très forte. Des gens de la Ligue nationale de hockey sont présents en Norvège. On sait que les pros s'en viennent. Il est clair que les gars qui, comme moi, ne sont pas de la Ligue ne seront plus là en 1998. Pour ce qui est de l'équipe, il a fallu bouger vite. Les jeux de Lillehammer ont eu lieu deux ans seulement après ceux d'Albertville pour qu'il y ait décalage entre les jeux d'hiver et les jeux d'été. Nous avons donc consacré un peu plus d'une année à bâtir l'équipe. On avait une vision

pratico-pratique. Il fallait trouver de l'expérience canadienne un peu partout. Le plus possible en Europe et
dans les collèges américains. On a pris des décisions qui
nous ont bien servis, dont la mise sous contrat de Paul
Karya – qui a été notre meilleur joueur –, et de Peter
Nedved, qui avait la double nationalité. Le reste de
l'équipe était formé dans la plupart des cas de joueurs
repêchés, mais qui n'avaient pas encore mis les pieds
dans la Ligue nationale. Ça a été extraordinaire. Nous
nous sommes rendus jusqu'en finale contre la Suède, qui
nous a battus en tirs de barrage. Mais on a appris beaucoup de choses et on a réussi à rester dans le moment
tout au long du tournoi.

**À la phase de recrutement des joueurs, qu'est-ce que tu
cherchais à voir dans leurs yeux? Quelles étaient tes
attentes?**

On a eu le privilège d'avoir des stages avec les joueurs,
contrairement à un vrai dépisteur qui n'a pas l'occasion
de les fréquenter. On les avait donc côtoyés avant. Ça a
facilité le processus de sélection. Dans l'interaction, on
apprend beaucoup de choses. C'est un avantage. Ce
qu'on voulait, c'étaient des joueurs qui rêvaient vraiment
de gagner la médaille d'or. Tu ne peux pas arriver aux
Olympiques à moitié motivé et décider une fois rendu à
la ronde des médailles que tu vas tout donner. Non, il
faut que tu en rêves. Que tu sois convaincu que tu as une

chance de la gagner. Notre travail à nous, les entraîneurs, c'était de dessiner les étapes pour y arriver. Je
crois profondément aux vertus de la résilience. Dans
nos préparatifs et dans les matchs préolympiques, on
plaçait volontairement les joueurs en position difficile.
On voulait voir comment ils composaient avec la fatigue
et la pression. On s'intéressait à la qualité de l'individu
dans un cadre collectif. Est-ce que c'était un bon coéquipier? Il ne fallait pas qu'un joueur individualiste
– souvent très talentueux –, le soit au détriment de
l'équipe. Avec Paul Kariya, on avait l'attitude idéale. Il
avait un immense talent. Il voulait être là et il rêvait de
gagner la médaille d'or.

**Je te pose la question que j'ai posée également à Serge
Savard et au psychologue sportif Wayne Halliwell:
est-ce qu'on peut appliquer la notion de dépassement
de soi aux sports d'équipe?**

Oui. Le dépassement de soi se rattache toujours à un
moment. Il faut être capable de saisir l'opportunité.
L'athlète doit synchroniser ses efforts pour le bien de
l'équipe. Il y a des athlètes qui ont presque toujours les
bonnes réactions et sont capables d'être à leur meilleur
niveau quand la situation l'impose. La médaille d'or en
dépend. Les Russes, par exemple, vont travailler des
heures et des heures sur la vitesse d'exécution. Ils veulent
étourdir l'adversaire en exécutant parfaitement la même

séquence à répétition. L'équipe va s'élever si on la bâtit à partir de l'identité de chacun. La question existentielle est très importante. Ensuite, on doit savoir ce que l'équipe veut faire. Quelle est son identité en tant que groupe? Quand les Canadiens ont perdu Carey Price, à l'automne 2015, ils ont perdu leur identité. On s'est rendu compte que l'équipe n'était pas si forte. Je suis convaincu d'une chose. Dans n'importe quelle situation, si chaque personne ne met pas son talent au service de la collectivité, il n'y aura pas de moment magique. C'est une question de sens commun. Il faut que le joueur se sente redevable à ses coéquipiers. Les meilleurs joueurs vont briller de toute façon. Mais ils doivent le faire pour les autres.

Sauf que dans une équipe de plus de vingt joueurs, on ne peut pas s'attendre à ce que tout le monde s'entende à merveille.

L'unité n'est pas aussi nécessaire qu'on pourrait le croire. À l'extérieur de la glace ou dans le vestiaire, c'est moins important. Ils ne sont pas obligés de s'aimer. Sur la patinoire, par contre, s'ils ont des affinités sportives, ils doivent travailler ensemble pour procurer la victoire à l'équipe.

Parle-moi de joueurs qui t'ont particulièrement impressionné par leur acharnement et leur sacrifice ou qui, à la limite, t'ont tiré des larmes.

Laisse-moi te parler de Todd Hlushko, un attaquant qui jouait dans l'équipe olympique de 1994. Dans les dernières phases de préparation avant les jeux, on s'est rendu compte que la plupart des joueurs qui représentaient le pays aux Olympiques étaient une grande source de fierté pour leur famille. Avant que la compétition commence, on avait suggéré aux joueurs de dédier leur moment olympique, de parler de la personne à qui ils pensaient, ce qu'ils allaient faire, quel était leur rituel… À son tour de parler, Todd se lève dans le vestiaire et nous dit: «Je veux dédier le tournoi à mon père qui va mourir du cancer. Je lui ai promis que nous allions gagner la médaille d'or.» Todd a été l'inspiration de l'équipe. Il a enlevé tous les doutes qui pouvaient rester dans l'esprit des joueurs sur l'importance d'aller jusqu'au bout du rêve. Il a joué à chacune de ses présences sur la glace comme si c'était la dernière fois. Il a marqué des buts importants et a été notre leader charismatique. Quand on a perdu, en finale, il était inconsolable. Il avait l'impression d'avoir laissé tomber son père. En vérité, évidemment, il avait été extraordinaire.

Je pourrais aussi te parler de Jean Bergeron, un ailier droit qui a participé au Championnat de hockey universitaire canadien pour les Patriotes de l'UQTR en 1991. On a une très bonne équipe et Jean est un de mes meilleurs marqueurs. Après le premier match, il se blesse à un genou. Notre thérapeute doute qu'il puisse continuer, même si son genou a désenflé. Jean vient me voir pour me dire qu'il va jouer. On prend la décision de le laisser participer à la période d'échauffement du lendemain, avant le match, pour voir comment il va se comporter. Il débarque avec une attelle artisanale retenue par du *tape* enroulé autour du genou. Un peu n'importe quoi... Il me répète : « Je vais jouer. » Je ne voulais pas prendre de risque, mais il avait du feu dans les yeux. On l'intègre dans la formation. Il patinait à soixante-quinze pour cent de ses capacités, mais, quand il était en possession de la rondelle, il ne sentait plus la douleur. Il termine le match avec deux buts et la première étoile. Nous avons gagné le Championnat de hockey universitaire canadien avec un gars qui jouait sur une patte. Il était acharné et convaincu. C'est comme ça qu'on gagne des médailles, quand une personne ordinaire fait quelque chose d'extraordinaire pour l'équipe.

J'ai eu une conversation très animée avec Dany Dubé. Nous avons abordé une foule de sujets. Je m'en voudrais de ne pas évoquer certaines de ses réflexions :

Sur l'échec
L'échec fait partie du processus. C'est fondamental. Il n'y a personne qui apprend juste en gagnant. Il faut que tu souffres pour avoir envie d'être heureux. Ça va ensemble. Les gagnants ont des cicatrices. J'en ai vécu, des échecs. Ils m'ont transformé. Quand ton équipe finit en première position du classement, puis est éliminée en

quatre matchs, ça laisse des traces. Le premier réflexe, c'est de se diminuer comme personne et comme leader. Tu t'écrases jusqu'à ce que tu décides d'aller vers des solutions. L'échec doit faire partie du cheminement d'une personne, mais surtout ne pas être une finalité.

Sur le recours à des psychologues sportifs dans le sport professionnel
J'y crois tellement. Je pense qu'il n'y a pas assez d'effort de la part des organisations pour créer des moments privilégiés entre les athlètes et les intervenants. Les agents, dans le sport professionnel, devraient eux aussi s'assurer que leur joueur est en contact avec une brochette de thérapeutes. Quand on constate tout ce qui se passe aujourd'hui dans les écoles et les familles, avec la surstimulation et les déficits d'attention, je suis convaincu que la prochaine génération d'athlètes professionnels – peut-être plus que la génération actuelle –, va avoir besoin d'être encadrée, de recevoir du soutien psychologique. C'est une nouvelle réalité.

Sur la recette du dépassement
La première chose, c'est l'acharnement. Pour réussir dans le sport, comme dans la vie, il ne faut pas abandonner. Il faut aussi être en mode solution. Finalement, il faut avoir perdu. Perdre, c'est une forme d'échec. Si tu es en mode solution, tu sais te relever de l'échec.

Le parfait modèle

Sidney Crosby. S'il faut nommer un modèle de dépassement, il faut que ce soit lui. Il marque les buts au moment précis où il faut les marquer. Aux finales des deux derniers Jeux olympiques, c'est lui qui a fait basculer le match vers la médaille d'or. C'est un acharné, toujours en mode solution. Il ne s'assoit jamais sur son immense talent.

Dany Dubé est analyste de hockey à TVA Sports depuis mai 2016.

Chantal Petitclerc

La victoire à répétition

Championne paralympique en athlétisme handisport, Chantal Petitclerc a participé à cinq Jeux paralympiques. De Barcelone, en 1992, à Pékin, en 2008, en passant par les jeux d'Atlanta, de Sydney et d'Athènes. Au bout de l'aventure, elle aura récolté vingt et une médailles, dont quatorze d'or. Chantal est habitée par une détermination tranquille, naturelle et en béton. Placée dans un centre de réadaptation pour enfants de la ville de Québec pour une période d'un an à la suite d'un accident qui la prive de l'usage de ses jambes, elle n'y restera que quelques semaines. Entourée de cas beaucoup plus graves, la jeune fille de douze ans ne songe qu'à une chose : revenir à la maison. Deux mois plus tard, elle est de retour à l'école, à Saint-Marc-des-Carrières.

Je suis rentrée à la maison très rapidement, et c'est une bonne chose. J'ai eu mon accident un 1er juillet et j'ai repris les classes en septembre. Ça m'a remise dans l'action, dans la vie normale.

Chantal est issue d'une famille modeste, où le sport n'avait pas de place particulière.

Je ne suis pas née dans le dépassement de soi. Il n'y avait pas cette culture à la maison. Et dans le petit village de campagne où j'ai grandi, à part le patinage artistique pour les filles ou le hockey et le baseball pour les gars, il n'y avait pas grand-chose.

Sans propension particulière au sport, Chantal a toutefois envie de faire plein de choses, de sortir du village, de foncer.

Je suis une machine faite pour ça.

Comme c'est souvent le cas avec les athlètes de haut niveau qui montrent des prédispositions dès l'enfance, il y a une personne qui a exercé une influence décisive en lançant la machine.

En fait, il y a deux personnes qui m'ont prise en charge à l'école. Gaston Jacques, mon professeur d'éducation physique, et Sylvie Lavoie, animatrice à la vie scolaire. Ils voulaient contribuer à ma réintégration pour que je sois plus autonome. Il était clair que je ne pouvais pas suivre les cours d'éducation physique réguliers. Ils se sont dit qu'il fallait que je fasse de la natation et un peu de musculation. Gaston s'occupait de moi pendant son heure de lunch. Ça a duré cinq ans. Il n'était pas payé plus pour s'occuper de moi, c'était de la générosité pure.

Pendant les cinq années du secondaire, Chantal va expérimenter différents styles et apprendre à nager avec le haut du corps. Gaston Jacques élabore un programme d'entraînement à raison de trois jours par semaine, augmente le nombre de longueurs et pousse les limites graduellement.

Ça a fait une grosse différence pour moi. J'étais en super forme et de plus en plus autonome. Trois ou quatre heures de natation par semaine, en plus de manœuvrer le fauteuil pour me déplacer, ça donne une base solide. Quand j'ai commencé à faire de la course au cégep, je ne partais pas de zéro. Je savais déjà ce que c'était de pousser les limites. Puis, quand tu es marginale, différente, si tu peux te faire remarquer pour autre chose que ton handicap, ça envoie un message positif, un message de normalité. Les professeurs me citaient en exemple comme modèle de persévérance. J'avoue que j'y prenais un certain plaisir.

Parmi les personnes, à l'extérieur de son entourage, qui ont contribué à faire de Chantal Petitclerc une athlète de haut niveau et un modèle de persévérance, il y a la philosophe et romancière Simone de Beauvoir. Un modèle de jeunesse et une inspiration de vie pour l'athlète. Touchée par la pensée existentialiste de

l'auteure, qui situe la personne comme unique maîtresse de ses actes et de son destin, Chantal se laisse porter par son désir de dépassement sans qu'elle se sente de mission particulière.

Simone de Beauvoir a eu une influence sur mes performances de façon indirecte. J'ai lu son journal de guerre, ses journaux intimes, plein de choses. Ce que je trouvais intéressant dans sa philosophie de vie, c'est que chaque individu est responsable de son destin et qu'on ne se définit que par ses actions. Rien d'autre ! Ça m'interpelait beaucoup, comme athlète, cette notion que tout est possible dans la mesure où on fait des gestes pour y arriver.

C'est peut-être un peu en réaction à ton accident.

Peut-être un peu… Peut-être aussi en réaction au milieu d'où je viens. Un petit milieu. J'ai vraiment l'impression que ce que j'ai réussi, c'est moi-même qui me le suis donné. Personne ne m'a traînée sur les bancs d'école. Personne ne m'a obligée à lire Simone de Beauvoir. J'ai vraiment le sentiment de m'être prise en charge.

Est-ce que tu te définis comme féministe ?

Oui ! Il me semble que les filles de notre époque ont du mal à utiliser le mot, mais je pense qu'il y a moyen d'être féministe *et* féminine.

Est-ce que l'univers olympique est très macho ?

[Chantal hésite…] Pas ouvertement macho… Je vais te donner un exemple de ce qui m'agace. Pendant la semaine des Jeux olympiques ou paralympiques, demande à n'importe qui : « Qui a gagné la médaille d'or au cent mètres ? » Personne ne va te répondre par le nom de la fille. Spontanément, on va te nommer « Usain Bolt » ou la star masculine du moment. Un autre exemple, et je suis loin d'être la seule athlète à l'avoir vécu : dans une rencontre locale avec le public, les jeunes vont aller demander conseil à un champion canadien bien avant de venir parler à une athlète. On voit ça souvent. J'ai gagné quatorze médailles d'or aux Jeux paralympiques, je sais de quoi je parle, quand même… C'est un détail, et j'ai eu ma part d'attention, mais ça reste frustrant. Au Canada, soixante pour cent des médailles sont gagnées par des filles, mais il n'y a que vingt pour cent des coachs qui sont des femmes. Au niveau international, il y a moins de un pour cent des commandites qui vont à des femmes ou à des événements féminins. Je ne suis pas militante. Je mène mon combat sur la piste. Mais je suis très consciente des inégalités.

Parlant de combat, ils sont nombreux, dans l'univers paralympique, à vouloir que leur discipline soit intégrée aux Jeux olympiques.

Oui, on m'a demandé d'endosser la cause en me disant que j'étais un modèle pour les athlètes paralympiques ou les personnes handicapées. Sauf que c'est un effet secondaire. Ce que je voulais, c'est gagner des médailles.

Et pour gagner des médailles, il faut se fixer des objectifs. Comme, par exemple, battre le record du monde au 1 500 mètres du coureur Hicham El Guerrouj. Il faut savoir que l'athlète marocain est médaillé d'argent des jeux de 2000, à Sydney (1 500 mètres) et double médaillé d'or des Jeux olympiques de 2004, à Athènes (1 500 et 5 000 mètres). Étonnant, vous dites?

C'était complètement ridicule. Ce sont deux sports différents. Moi, je roule et lui, il court! Mais nos temps étaient très proches. Symboliquement, c'était important. Et je l'ai battu! Tu vois, j'avais toujours des objectifs de vitesse, de dépassement. Par exemple, je calculais tous les records du monde des gars dans mes catégories et je regardais mes records à moi pour me fixer des objectifs [rires]. Zéro science! Mais ça m'aidait à me motiver.

Avec ses nombreux succès échelonnés sur une période de seize ans, Chantal Petitclerc n'a pas le sentiment d'avoir fait beaucoup de sacrifices pendant sa carrière d'athlète. Elle parle plutôt de choix.

J'ai manqué le mariage de ma meilleure amie, mon petit filleul a son anniversaire fin juillet, je n'étais jamais là, et quoi d'autre. Ce sont des choix, pas vraiment des sacrifices. Je ne regrette rien et je le referais n'importe quand. Ce sont mes choix. Il faut être conscient du fait que chacun de nos choix nous prive de quelque chose. Je suis une nouvelle maman, à quarante-quatre ans. On peut idéaliser tout ce qu'on veut, mais avoir un jeune enfant, c'est choisir de ne pas faire autre chose avec son temps. Je me souviens, à l'époque où je n'avais pas encore d'enfants, comme ça me tapait sur les nerfs quand on me disait à quel point la maternité, c'était merveilleux. Oui, oui, c'est merveilleux, mais restons lucides. Ce n'est pas un sacrifice, avoir un enfant, mais ça reste un choix qui a des conséquences.

Quand je lui parle de la place du plaisir dans la carrière de l'athlète, ses yeux s'illuminent.

C'est super important ! C'est la chose la plus importante. Le plaisir de l'entraînement. Être dans son corps, avoir mal. Savoir que ton cœur bat trop vite, que tu ne peux pas supporter ça plus que quinze secondes, mais pousser quand même jusqu'à dix-sept secondes. C'est vraiment l'*fun*. Les endorphines, aussi… Je te parle de l'entraînement parce qu'il y a moins de stress que pendant une compétition. Moins de pression. Donc, il y a plus d'espace pour ressentir le plaisir. J'aime aussi la compétition, évidemment. La poussée d'adrénaline est incroyable. Mais il faut apprendre à gérer la pression. J'ai eu plus de plaisir en compétition à mes deux derniers jeux qu'aux trois premiers.

Gérer la pression ne semble pas avoir posé problème pour Chantal Petitclerc. Elle récolte d'abord deux médailles de bronze aux jeux de Barcelone, en 1992, puis c'est la folie : deux médailles d'or à Atlanta, en 1996, et deux autres à Sydney, en 2000. Ensuite, cinq fois l'or à Athènes, en 2004, et cinq autres à Pékin, en 2008. C'est sans compter les médailles d'argent.

Moi, mes idoles sont des multimédaillés. Emil Zátopek [Tchécoslovaque triple médaillé d'or des jeux d'Helsinki, en 1952, au 10 000 mètres, au 5 000 mètres et au marathon] ou encore Sergueï Bubka [Ukrainien trente-cinq fois détenteur du record du monde au saut à la perche]. Ce sont eux qui me passionnent. Dès que j'ai eu ma première médaille d'or, je me suis dit : « Je dois devenir la meilleure athlète dans différentes disciplines de course. » J'aimais beaucoup le sprint – 100, 200 et 400 mètres. J'étais une naturelle. En fauteuil roulant, même si on nous compare souvent avec l'athlétisme, ça ressemble plus à la natation. Un coureur debout au 100 mètres n'est pas construit comme un coureur de 800, mais nous, en fauteuil, peu importe la longueur, la technique reste la même. Ça sollicite les mêmes muscles.

Après cinq médailles d'or à une quatrième participation aux Jeux olympiques, nombreux sont ceux qui se seraient retirés en pleine gloire.

Un an après Athènes, on s'est assis, mon coach, ma psychologue sportive et moi, pour se demander si je devais aller à Pékin. Plusieurs personnes me conseillaient d'arrêter, mais j'ai décidé de me donner un nouveau défi. J'ai décidé d'aller chercher cinq autres médailles d'or et de battre le record du monde au 100 mètres. Je me suis fixé un objectif quantitatif. Une fois sur place, c'est devenu une *checklist*. D'ailleurs, après chaque course victorieuse, on me l'a fait remarquer, je ne souriais pas et je ne célébrais pas. Ce n'était qu'une étape vers l'objectif ultime. Je n'ai jamais eu autant de maîtrise de moi-même qu'à Pékin en 2008.

La jeune fille de Saint-Marc-des-Carrières, aujourd'hui sénatrice à Ottawa, qui voulait sortir des frontières de son enfance, aura transcendé le drame qui aurait pu l'enfermer dans une vie ennuyeuse en fonçant dans la vie sans retenue, avec une détermination hors du commun et un sourire lumineux.

En plus de ses fonctions comme chef de mission de l'équipe canadienne aux Jeux paralympiques de 2016 à Rio de Janeiro, au Brésil, Chantal Petitclerc est membre du Sénat canadien depuis mars 2016.

Sylvie Bernier

Une détermination de fer

Aux Jeux olympiques de 1984, à Los Angeles, Sylvie Bernier donne au Canada sa première médaille d'or de l'histoire au plongeon de trois mètres. La jeune athlète de Sainte-Foy devient par la même occasion la première femme québécoise médaillée d'or aux Jeux olympiques.

J'ai toujours eu une confiance silencieuse.

Sylvie commence à faire du plongeon à l'âge de huit ans pour des raisons de santé. À une époque où on limite les asthmatiques à un minimum de mouvements pour ne pas déclencher de crise, un médecin avant-gardiste suggère plutôt aux parents de la jeune fille de la faire bouger quotidiennement. Ils vont donc l'inscrire à des cours de plongeon. C'est la naissance d'une passion qui va se confirmer au cours de l'été 1976.

On en entendait beaucoup parler, mais les Jeux olympiques de 1976, à Montréal, ça restait quelque chose de virtuel. On savait que c'était prestigieux, mais on manquait de connaissances sur le sujet. Le Québec n'était pas une société très orientée vers le sport, à l'époque. J'ai eu la chance d'avoir des parents qui ont décidé de nous amener à Montréal pour assister aux jeux. Je suis assise dans les estrades et j'assiste à l'épreuve féminine de plongeon au tremplin de trois mètres. Je vois l'Américaine Jennifer Chandler gagner la médaille d'or et, instantanément, je suis fascinée par toutes ces athlètes d'un peu partout dans le monde réunies autour de la piscine. Ç'a été un éveil immédiat. Je voulais vivre ça. J'ai tout de suite dit à ma mère que c'était ce que je voulais faire. C'était très clair pour moi. Elle m'a regardée en souriant et m'a dit: «Go!» À douze ans, j'avais un rêve et un objectif précis.

À partir de là, Sylvie s'inscrit au Pavillon de l'Éducation physique et des sports de l'Université Laval (PEPS) et amorce un entraînement plus structuré à raison de cinq ou six jours par semaine, à l'heure du lunch. Un programme d'entraînement qui correspond à sa nature solitaire. Elle y côtoie des athlètes qui évoluent déjà au niveau national. Au début de l'adolescence, la jeune athlète est sérieuse et envisage son avenir sportif avec une grande détermination. Alors qu'ils sont nombreux à s'interroger longuement avant de se découvrir une passion, Sylvie Bernier a eu la chance d'être fixée dès l'âge de douze ans.

J'en suis tellement consciente. J'ai trois grandes filles, aujourd'hui. De jeunes adultes. Je réalise, encore plus en vieillissant, la chance que j'ai eue de trouver, à un jeune âge, une passion qui m'a transportée jusqu'à l'âge de vingt ans. Ça a été ma raison de vivre. Ça a augmenté mon estime de soi et ma confiance. Ça a soigné mon asthme. Ça m'a permis de me définir comme individu. Ça a eu un impact physique et psychologique sur ma vie entière. En plus, le plongeon, c'est un sport artistique et physique, comme la gymnastique, qui demande du courage. Chaque fois que tu t'élances d'un tremplin, tu l'évites de très peu. Il faut dompter sa peur.

Ce que tu as visiblement réussi à faire...

J'ai toujours été hyper constante, toujours en contrôle. C'était ma force. J'étais toujours à six ou huit pouces [quinze ou vingt centimètres] du tremplin. Je pouvais faire vingt-huit fois la même figure de la même façon. C'est ce qui explique mes succès. Je n'étais pas flamboyante comme une Chinoise ou une Américaine qui cherchaient la note parfaite pour certaines figures, sauf que je ne manquais rien. Alors, si une autre athlète ratait juste un peu sa figure, je passais devant. C'est comme ça que j'ai gagné à Los Angeles, en 1984.

L'histoire aurait pu se terminer moins bien. Six semaines avant les jeux de Los Angeles, elle se fêle une

côte en faisant des exercices. Ce qui lui cause des problèmes respiratoires, de la difficulté à bouger et beaucoup de douleur. Elle doit ajuster son programme d'entraînement en réduisant ses efforts de vingt-cinq à cinquante pour cent.

À part mon entraîneur, personne ne le savait. Au camp d'entraînement, à Phœnix, je ne m'entraînais pas avec l'équipe nationale. J'attendais les périodes de bains libres. Pour des raisons stratégiques et aussi pour ma confiance, je trouvais important de ne pas parler de ma blessure. J'ai privilégié des techniques de visualisation plutôt qu'un entraînement physique. On ne posait pas trop de questions, parce que je suis solitaire et j'étais toujours un peu à l'écart.

Ça n'a pas trop miné ta confiance ?

C'est sûr qu'à quelques semaines des jeux cette blessure m'a ébranlée. Je savais tout de même que j'allais gagner. J'ai toujours eu une confiance silencieuse. J'avais eu une excellente année dans les compétitions internationales et je m'entendais très bien avec mon nouveau coach. Je lui faisais entièrement confiance. Je savais que si je plongeais avec la constance dont j'étais capable, je monterais sur le podium. La visualisation a beaucoup aidé. Ça m'a permis d'élever mon niveau de performance. À l'époque, on était nombreux à faire de la visualisation, mais personne n'en

parlait. De nombreux médaillés à Los Angeles s'y adon-
naient, mais la pratique était l'objet d'un tabou. Pour trouver des livres sur le sujet, il fallait fouiller dans les rayons
ésotériques des bibliothèques. Aujourd'hui, on trouve
des grands pans de mur sur le sujet dans les librairies.

**Sylvie a profité d'une compétition à Los Angeles, six
mois avant les jeux, pour faire le plein d'images.**

J'ai observé les estrades, la position du soleil à quatre
heures de l'après-midi, les locaux où on serait hébergés,
où seraient assis les juges, où serait le panneau indicateur, j'ai testé les tremplins, etc. Pour moi, c'était important de tout savoir. C'était une façon de rassurer mon
cerveau. Tu ne veux pas t'entraîner pendant une dizaine
d'années, faire des milliers de plongeons d'entraînement,
sans tenter de prévoir les imprévus. J'ai donc contrôlé ce
que je pouvais contrôler. Une fois rendue aux jeux, après
avoir repassé les images des milliers de fois dans ma tête,
j'étais chez moi. Je ne voyais pas la foule, je n'entendais
rien. J'étais dans ma bulle. En plus, j'écoutais de la
musique. Toujours la même chanson en boucle. *What a
Feeling* du film *Flashdance*. Entre chaque figure, je remet-
tais mes écouteurs. Quand la chanteuse dit : « *Have a
passion, make it happen* », ça me parlait !

**Quand on revoit la finale du plongeon de trois mètres
aux jeux de Los Angeles, on réalise à quel point Sylvie**

s'était réfugiée dans son monde, dans sa bulle. Tout au long de la compétition, son visage n'exprime aucune émotion et elle n'a aucune réaction quand on affiche les résultats du classement temporaire. En sortant de l'eau, elle regardait son pointage sur le tableau indicateur et remettait systématiquement ses écouteurs pour se concentrer sur le prochain tour.

Après la dernière figure, je sors de la piscine, je souris, je salue la foule et je jette un œil sur le tableau indicateur. Je n'avais rien suivi jusque-là. J'aurais pu être cinquième, je n'en avais aucune idée. Je ne savais toujours pas si j'avais gagné. Tout le monde le savait : la foule, ma famille, mes amis au Québec, mais pas moi. J'étais tout simplement heureuse de la façon dont j'avais plongé. Je n'aurais pas pu être déçue. Puis ma rivale, une Américaine, me prend dans ses bras. C'est elle qui m'a annoncé que j'étais maintenant en tête. J'aurais encore pu perdre la première place – il restait deux plongeuses –, mais j'étais tellement heureuse du chemin parcouru. Je n'avais aucun contrôle sur le reste. Quand on a confirmé la victoire, ça a été un soulagement.

Rien de plus ?

Il y a un moment d'euphorie, bien sûr, mais, contrairement à ce que je vivais seule dans ma chambre quand je visualisais la victoire, je n'ai pas eu la même émotion.

Quand j'étais chez moi, je célébrais la victoire dans ma tête et j'étais émue aux larmes. J'étais plus émue que dans la réalité. Sur le podium, on voit que je suis très heureuse, mais je ne pleure pas.

De la même manière qu'elle était convaincue, à l'âge de douze ans, d'avoir trouvé sa vocation, Sylvie décide tout de suite après les jeux de Los Angeles de se retirer de la compétition.

Avant même que les jeux commencent, c'était déjà décidé. Si tu connaissais mon père, tu trouverais que je lui ressemble. Deux ans plus tôt, il me disait déjà : « Tu sais, Sylvie, à vingt ans, tu vas avoir fait le tour de toutes les compétitions internationales, les Jeux du Commonwealth, les Jeux panaméricains, les coupes du monde, et là, tu t'en vas aux Jeux olympiques. Quelle belle façon de terminer une carrière. Combien de jeunes peuvent dire, à ton âge, qu'ils ont déjà une carrière derrière eux et qu'ils peuvent en amorcer une autre ? »

Tu n'as pas été tentée d'essayer de répéter l'exploit quatre ans plus tard, aux jeux de Séoul ?

Mon père me rappelait toujours que le plongeon, c'était un passe-temps. Je ne pouvais pas gagner ma vie avec ça. À l'époque, je vivais avec à peu près trois cent vingt-cinq

dollars par mois pour manger, payer mon appartement
à Montréal et mes dépenses. Puis, l'éducation a toujours
été valorisée dans ma famille. Et dans ma tête, il y avait
une fin à cette aventure. Si je n'avais pas gagné, j'aurais
peut-être continué. J'aurais pu poursuivre ma carrière
aux États-Unis, où j'avais accès à des bourses universitaires. Le plongeon aurait été au service de mes études
plus qu'au service de la performance. Mais bon, j'ai
gagné…

**Même si c'était un choix réfléchi de quitter la compé-
tition, as-tu vécu un blues postolympique ?**

Ah oui, énorme, mais personne ne le voyait. Ça a commencé deux semaines après les jeux sous forme
d'anxiété. Je ne regrettais pas ma décision. Ce n'était
pas de la déprime. C'était probablement physiologique.
Ce qu'on ne savait pas, à l'époque, c'est qu'il faut continuer à s'entraîner. Quand ton corps est habitué à bouger trente-cinq heures par semaine, tu ne peux pas tout
arrêter du jour au lendemain. Il faut continuer l'entraînement, c'est une question de santé. Puis il y avait toute
la pression sociale, aussi. Le fait d'être la première
médaillée d'or au plongeon au Canada a complètement
transformé ma vie. Je pensais retourner vivre tranquille chez mes parents, à Québec, mais ça n'a duré
qu'un mois. On m'a ramenée à Montréal, où j'ai vécu à
l'hôtel pendant huit mois. Je n'avais pas le temps de me

trouver un appartement. J'étais sollicitée de partout au pays pour des activités médiatiques et des conférences. Je n'ai aucun souvenir précis de ce que j'ai fait dans l'année qui a suivi les jeux. J'étais en proie à une grave anxiété. Tu ne peux pas gagner une médaille olympique sans être d'une rigueur exemplaire dans tout ce que tu fais, et là, on me demandait de réagir à tout et à n'importe quoi. Je me sentais comme un imposteur. C'était un véritable choc. Après avoir passé six heures par jour dans une piscine pendant des années, je suis devenue une personnalité publique en un clin d'œil, à l'âge de vingt ans. Je n'ai jamais eu le temps de me préparer. Aujourd'hui, on prépare mieux les athlètes à la vie après la victoire.

Pour gérer son après-carrière sportive, Sylvie a compris que, puisqu'elle avait gagné ses médailles avec un coach, il lui fallait maintenant s'entourer de gens compétents dans leur domaine pour l'encadrer et l'aider à avancer.

Dans les médias, par exemple, j'ai eu l'aide de Guy Mongrain, qui m'a servi de coach. Pour tous mes projets, je me suis trouvé des gens qui ont joué le rôle de mentor pour me donner de l'assurance et me permettre d'évoluer. Une des choses que j'ai trouvées difficiles, c'est que les gens, dans la vie « normale », hésitent à faire des critiques constructives, alors que moi, comme athlète,

j'ai grandi avec ça. J'ai toujours voulu garder cette humilité quand j'arrivais dans un nouveau domaine. C'est vrai
encore aujourd'hui…

Depuis 2012, Sylvie Bernier agit à titre d'ambassadrice des
saines habitudes de vie pour Québec en Forme et préside la
Table sur le mode de vie physiquement actif (TMVPA) et la
Table québécoise sur la saine alimentation (TQSA). On peut
l'entendre le vendredi matin à sa chronique sur le mieux-être
à l'émission *Gravel le matin* de la chaîne Radio-Canada
Première.

Conclusion

Immanquablement, chacune de mes rencontres avec les athlètes et les observateurs dont vous venez de lire les récits éveillait en moi une envie irrésistible d'aller me dépenser un peu. Impossible de rester insensible aux aventures de ces grands athlètes qui ont consacré une partie de leur vie à se préparer au dépassement de soi pour être les premiers dans leur discipline ou réaliser un exploit hors du commun.

Entre mes petits vingt kilomètres hebdomadaires de course à pied pour garder la forme et l'entraînement intensif des athlètes d'élite, il y a un gouffre. Un gouffre, mais aussi une certaine parenté, ne serait-ce que dans le désir de sortir un tant soit peu de sa zone de confort pour goûter à la satisfaction d'être allé au-delà de ses limites personnelles. Et voilà qu'on revient au dépassement de soi.

On l'a vu, les athlètes font preuve d'une grande détermination dans la poursuite de leur rêve d'être les meilleurs. D'une rigoureuse discipline, aussi. Il en faut quand on veut se dépasser. Bien sûr, tous n'obtiendront pas une médaille olympique, mais tous méritent notre admiration. Cela, mon père l'avait bien compris.

Les récits des athlètes nous montrent également le rôle de premier plan que joue l'entourage dans la marche vers la réalisation d'un rêve, quel qu'il soit. Quand Jean-Luc Brassard s'est senti débordé, en 1998, à Nagano, c'est sa mère qui l'a ramené aux choses essentielles en lui parlant de la beauté du ciel et du fleuve à Salaberry-de-Valleyfield. Le marcheur Guillaume Leblanc, qui pratique pourtant un sport individuel, parle toujours de son « équipe » pour expliquer ses succès. Son équipe, c'est sa femme, sa famille et quelques amis proches. Sans eux, il n'aurait pas gagné la médaille d'argent en 1992 à Barcelone. C'est une victoire collective. Le psychologue sportif Wayne Halliwell, la coach Manon Perron et le père de Joannie Rochette ont spontanément formé une bulle autour de Joannie quand, quelques jours avant les compétitions de patinage en 2010, à Vancouver, sa mère est décédée.

La capacité de rebondir et de rester en mode solution évoquée par mes témoins constitue un atout indiscutable et une qualité appréciée en toute circonstance. C'est souvent devant un défi de taille qu'on se découvre des ressources insoupçonnées. Paul Houde, exposé sur une paroi du K2, doit absolument rassembler toutes ses forces et son énergie pour franchir une falaise malgré la peur profonde qui l'habite.

Finalement, si l'on considère l'expérience des athlètes, la pratique d'un sport est riche d'enseignements qui peuvent être transposés dans la vie quotidienne et nous inspirer dans tous les domaines : au travail, dans le couple, partout. La rigueur, la discipline et la détermination nous donnent des ailes pour nous permettre de nous dépasser dans n'importe quelle situation de la vie.

Table des matières

Introduction. 9

Annie Pelletier • Ti-Cul sur le podium 13

Paul Houde • Affronter la montagne 21

Jean-Luc Brassard • La camaraderie olympique . . . 31

Serge Savard • Le guerrier tranquille 41

Mylène Paquette • La jeune femme et la mer. 49

Guillaume Leblanc • Le moment où le rêve
    devient réalité 59

Louis Garneau • Le gagnant hyperactif 69

Stanley Vollant • Le résilient, dit le « Shipeneu » . . . 81

Paul Ohl • La force du corps et du caractère 91

Sylvie Fréchette • La battante 99

Michel Portmann • Le sport jusqu'au bout 109

Danièle Sauvageau • *Chief* ne lâche pas 117

Wayne Halliwell • L'homme qui souffle
    à l'oreille des athlètes 125

Sébastien Sasseville • Le coureur bâtisseur 135

Bernard Voyer • Toucher au ciel. 147

Dany Dubé • Au bon endroit au bon moment 155

Chantal Petitclerc • La victoire à répétition. 167

Sylvie Bernier • Une détermination de fer 177

Conclusion. 187